사랑해요 한국어
I Love Korean

서울대학교 언어교육원

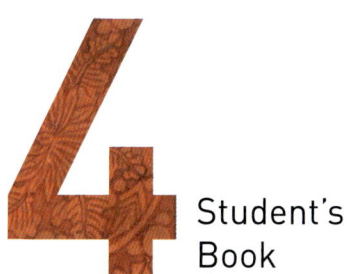

Student's Book

서울대학교출판문화원

머리말
Preface

〈사랑해요 한국어 4〉는 성인 한국어 학습자를 위한 단기 과정용(약 60시간) 교재 시리즈 중 제4권이다. 이 책은 성인 학습자들이 단기간에 친숙한 일상적 주제와 기능에 대한 언어 구성 능력과 사용 능력을 익혀 한국어 의사소통 능력을 기르도록 하는 데 목적이 있다.

이 책은 다음과 같은 특징이 있다.

첫째, 국제 통용 한국어 표준 교육과정 모형을 기반으로 하여 교수요목을 설정하였으며 최근의 사회 문화적 변화를 반영하였다.

둘째, 주제 및 기능 중심적 교수요목을 바탕으로 일상생활에서 사용하는 실제적인 문제 해결 상황 과제를 담아 수업 내용이 실생활로 전이될 수 있도록 하였다.

셋째, 한 단원을 두 과로 구성하여 한 가지 주제에 대해서 다양한 기능을 충분히 심화 연습할 수 있도록 설계하였다. 한 과는 3시간에서 4시간용으로 구성하였다.

넷째, 각 과에 도입 단계로서 주제 어휘를 상황 그림과 함께 제시하여 체계적이고 효과적인 어휘 학습이 이루어질 수 있도록 하였다. 이를 통해 학습자는 배울 내용을 유추하고 학습을 준비할 수 있다.

다섯째, 문법 학습이 언어 지식을 쌓는 것에 그치지 않고 해당 문법의 기능을 익히고 활용하게 할 수 있도록 하기 위해 유의미한 연습을 충분히 제공하였다.

여섯째, 말하기, 듣기, 읽기, 쓰기의 네 가지 언어 기능을 고루 향상시킬 수 있도록 기능별 연습을 제시하였고, 초급에서부터 구어와 문어의 학습이 긴밀하게 연계될 수 있도록 기능 통합형 연습도 구성하였다.

일곱째, 교재에 제시되는 모든 지시문과 새 단어, 본문 등을 영어로 번역하여 제시함으로써 해당 언어권 학습자가 쉽게 이해할 수 있도록 하였다. 또한 문법에 대한 자세한 설명을 한국어와 영어로 병기함으로써 학습자뿐만 아니라 한국어를 가르치는 교사들에게도 도움이 될 수 있도록 하였다.

이 책이 완성되기까지 많은 분들의 노력과 수고가 있었다. 먼저 오랜 기간에 걸쳐 집필 및 출판 과정에 참여한 교재개발위원회 선생님들의 노고와 헌신에 감사드린다. 아울러 책이 출판되기까지 꼼꼼하게 출판 작업을 도와주신 서울대학교출판문화원 관계자 여러분께도 고마운 마음을 전한다.

2019. 6.
서울대학교 언어교육원

<I Love Korean 4> is the fourth book of a series of short-term (about 60 hours) textbooks for Korean adult learners. The primary goal of this book is to develop Korean communication skills for adult learners by acquiring abilities to compose and use language that applies to everyday topics and functions.

This book has the following characteristics.

First, the curriculum is based on the model of the International Standard Curriculum of Korean Language and reflects recent social and cultural changes.

Second, based on topic and function-oriented teaching objectives, the classes were designed to mirror real life with practical problem-solving tasks used in everyday life.

Third, each unit is comprised of two lessons so that various functions can be practiced thoroughly enough on one topic. Each lesson is designed for a 3 to 4 hour class.

Fourth, as the introduction phase for each lesson, the topic vocabulary is presented with a picture of the situation so that systematic and effective vocabulary learning can be achieved. This allows learners to infer what they are going to learn and to prepare for it.

Fifth, sufficient meaningful practice is provided to enable grammar learning not only to accumulate language knowledge, but also to learn and utilize the function of the grammar.

Sixth, functional exercises are provided to improve the four language skills: speaking, listening, reading and writing. Skill-integrated exercises are also organized to closely link spoken and written language learning from the beginning.

Seventh, all instructions, new vocabulary, and texts presented in the textbook were translated into English so English-fluent learners can understand them easily. In addition, a detailed explanation of the grammar is provided in both Korean and English so that it can be helpful for teachers who teach Korean as well as learners.

There was a lot of hard work and effort that went into completing this series. First of all, we would like to thank all of the teachers who have participated in the writing and publishing process for all of their hard work. In addition, we would like to express our sincere gratitude to the staff of the Seoul National University Publishing Council who went to great lengths to help publish this series of textbooks.

2019. 6.
Language Education Institute, Seoul National University

일러두기 | How to Use This Book

〈사랑해요 한국어 4〉는 〈사랑해요 한국어 3〉을 학습했거나 120~200시간 정도의 한국어 수업을 마친 학습자를 위한 교재이다. 〈사랑해요 한국어 4〉는 총 9단원(18개 과)으로 구성되어 있으며, 각 단원이 하나의 주제를 중심으로 두 개의 하위 과로 나누어져 있다. 한 과는 3~4시간 수업용이며 주제 어휘와 핵심 표현, 그리고 이를 활용한 말하기, 듣기, 과제로 구성되어 있다. 한 단원의 마지막에 읽고 쓰기 활동이 제시된다.

〈I Love Korean 4〉 is a textbook for learners who have studied 〈I Love Korean 3〉 or completed 120~200 hours of Korean language classes. 〈I Love Korean 4〉 consists of 9 units (18 lessons), and each unit is divided into two sub-units centering on one theme. Each lesson is a 3~4 hour class. The lessons are comprised of topic related vocabulary and core expressions, speaking and listening activities, and tasks. At the end of each lesson, reading and writing activities are presented.

한 단원과 과별 구성은 아래와 같다.
A unit and its composition are as follows.

단원 Unit	
1과 Chapter 1	2과 Chapter 2
어휘 Vocabulary 핵심 표현 1, 2 Key Expression 1, 2 말하기 Speaking 듣기 Listening 과제 Tasks and Activities	어휘 Vocabulary 핵심 표현 1, 2 Key Expression 1, 2 말하기 Speaking 듣기 Listening 과제 Tasks and Activities
읽고 쓰기 Reading and Writing	

어휘 Vocabulary

- 그림을 통해 어휘의 의미를 익힐 수 있도록 주제와 관련된 상황을 삽화로 제시한다.
  Illustrations depict situations related to the topic so in order to learn the meaning of the vocabulary.

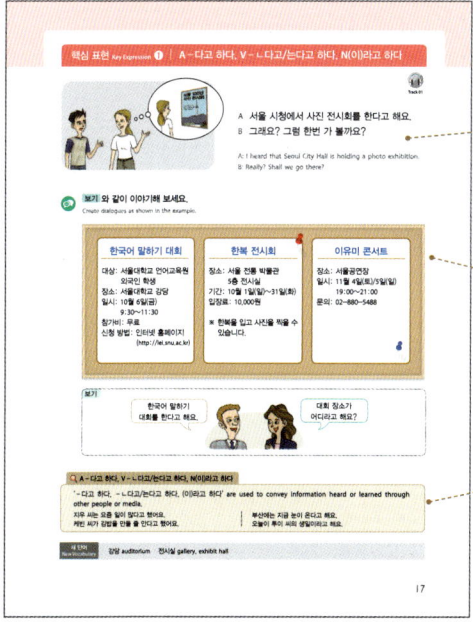

핵심 표현 Key Expression

- 목표 문법과 표현이 사용되는 전형적인 대화를 삽화와 함께 제시한다.
  Presents a typical dialogue in which target grammar and expressions are used with illustrations.

- 핵심 표현을 사용하여 발화할 수 있는 유의미한 연습 기회를 제공한다.
  Provides meaningful practice opportunities using key expressions.

- 핵심 표현의 문법적 정보를 간략하게 설명하고 의미 이해를 돕고 형태 변화를 알 수 있도록 예문을 제시한다.
  Briefly explains the grammatical information of key expressions. Examples are also provided to help understand meaning and to understand form changes.

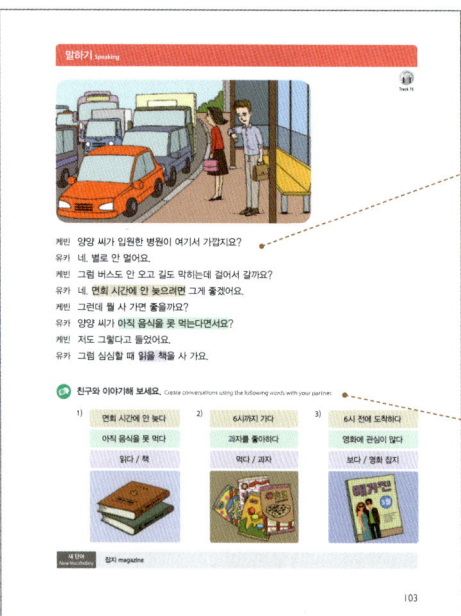

말하기 Speaking

- 주제 어휘와 핵심 표현을 포함한 대화문을 통해 실제적인 맥락 속에서 의사소통 기능을 학습하도록 한다. 대화 상황을 보여 주는 삽화가 함께 제시된다.
  Teaches communication skills in a practical context through dialogues, including topic related vocabulary and key expressions. An illustration showing the situation of the conversation is presented together.

- 어휘와 표현을 교체하여 대화문을 익히고 연습해 보도록 한다.
  Replaces vocabulary and expressions to learn and practice dialogues.

듣기 Listening

- 해당 과의 주제와 관련된 실제적인 듣기 연습으로, 들은 내용에 대한 이해 확인 문제와 함께 제시된다.
  Practical listening exercises related to the topic of the lesson are presented along with comprehension questions about the contents.

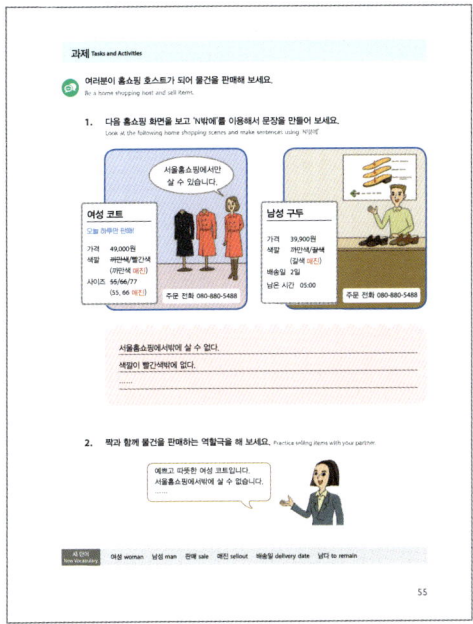

과제 Tasks and Activities

- 2-3단계의 문제 해결형 과제로 구성된다. 학습자 간에 활발한 상호작용을 할 수 있는 다양한 유형의 활동을 제시하여 언어 사용의 유창성을 높이도록 한다.
  Consists of two or three-step problem-solving tasks. Presents various types of activities that are used to promote active interaction between learners to enhance fluency in language use.

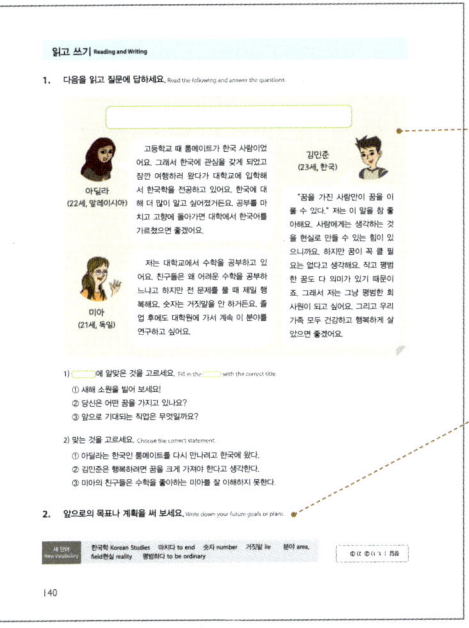

읽고 쓰기 Reading and Writing

- 학습자의 수준에 맞는 실제적이고 다양한 유형의 글을 읽은 내용에 대한 확인 문제와 함께 제시한다.
  Presents practical and diverse types of writings that are appropriate for the level of the learners, along with comprehension questions about what was read.

- 읽기 후 활동으로 읽은 텍스트와 유사한 종류의 글을 써 보도록 한다.
  Provides writing activities that are similar to the text that was read.

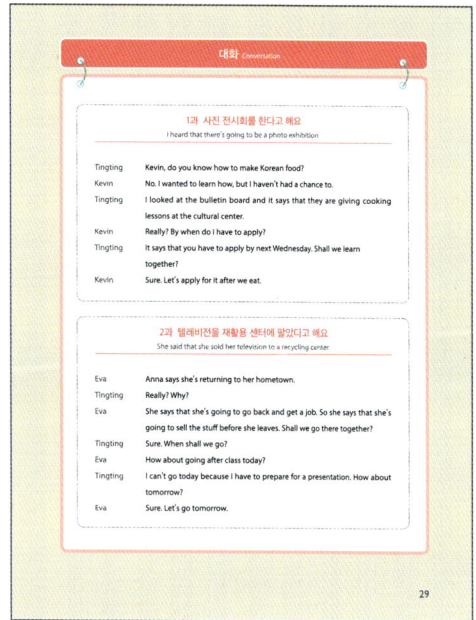

대화 Conversation

- 대화를 번역과 함께 제시한다.
  Presents conversation with translation.

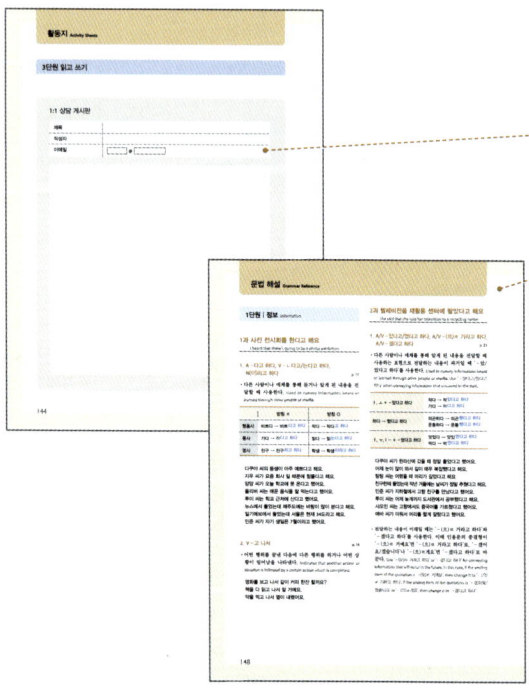

부록 Appendix

- 연습이나 과제 활동에 필요한 활동지를 제공한다.
  Provides activity sheets or cards necessary for practice or task-based activities.

- 각 과의 핵심 표현에서 배운 문법에 대한 자세한 해설을 제공한다.
  Provides a detailed description of the grammar learned in the key expressions in each lesson.

- 각 과의 듣기 지문을 제공한다.
  Provides transcripts for listening exercises.

- 교재에 나오는 모든 어휘를 출현한 페이지와 함께 제시한다.
  Presents all of the vocabulary in the textbook along with corresponding pages where they appeared.

차례 Contents

	머리말 Preface	2
	일러두기 How to Use This Book	4
	교재 구성표 Scope and Sequence	10
	등장인물 Characters	14

1단원 정보 Information
- 1과 사진 전시회를 한다고 해요 I heard that there's going to be a photo exhibition … 16
- 2과 텔레비전을 재활용 센터에 팔았다고 해요 She said that she sold her television to a recycling center … 22

2단원 만남 Meeting
- 1과 유학생 모임에 같이 갈래요? Would you like to join the international student meeting? … 30
- 2과 까만 모자를 쓰고 있어요 He's wearing a black hat … 36

3단원 소비 Consumption
- 1과 인터넷으로 사면 얼마나 편리한데요 You have no idea how convenient to buy stuff online … 44
- 2과 이 티셔츠는 하얀색밖에 없는데요 This t-shirt only comes in white … 50

4단원 후회 Regret
- 1과 일찍 출발했어야 했는데 I should've left early … 58
- 2과 아무리 후회해도 소용없어요 No matter how much you regret it, it's useless … 64

5단원 직장 생활 Work Life
- 1과 집에서 가까워서 다니기가 편해요 It's easy to get to work since it's close to home … 72
- 2과 많이 피곤해 보이네요 You look very tired … 78

6단원 사고 Accident
- 1과 학교 앞에서 교통사고가 났대요 I heard that there was a traffic accident in front of the school … 86
- 2과 미아 씨가 많이 아픈 모양이에요 I guess Mia is very sick … 92

7단원 문병 Visiting a Sick Person
- 1과 오늘 문병 간다면서요? I heard you're going to visit someone in a hospital? … 100
- 2과 택시 타고 다니면 돼요 I can just take a taxi … 106

8단원 기념일 Anniversary
- 1과 태극기가 걸려 있네요 The Korean flag is hanging … 114
- 2과 결혼한 지 5년 됐어요 I've been married for 5 years … 120

9단원 꿈 Dreams
- 1과 선생님이 되려고 한국어를 배워요 I'm learning Korean to become a teacher … 128
- 2과 장학금을 받았으면 좋겠어요 It would be good to get a scholarship … 134

부록 Appendix … 143

교재 구성표 | Scope and Sequence

	단원 Unit	어휘 Vocabulary	핵심 표현 Key Expression	말하기 Speaking

1 정보 Information	1과
	사진 전시회를 한다고 해요
	I heard that there's going to be a photo exhibition
		게시판 정보
		Bulletin board information
			• A-다고 하다,
			  V-ㄴ다고/는다고 하다,
			  N(이)라고 하다
			• V-고 나서
				수업 정보 전달하기
				Passing on class information

	2과
	텔레비전을 재활용 센터에 팔았다고 해요
	She said that she sold her television to a recycling center
		분리수거
		Separate trash
			• A/V-았다고/었다고 하다,
			  A/V-(으)ㄹ 거라고 하다,
			  A/V-겠다고 하다
			• A/V-기 때문에
				친구 소식 전하기
				Passing on news about a friend

2 만남 Meeting	1과
	유학생 모임에 같이 갈래요?
	Would you like to join the international student meeting?
		관계, 약속
		Relationship, Appointment
			• V-(으)ㄹ래요
			• A-(으)냐고 하다/묻다,
			  V-느냐고 하다/묻다,
			  N(이)냐고 하다/묻다
				룸메이트 추천하기
				Recommending a roommate

	2과 까만 모자를 쓰고 있어요 He's wearing a black hat	인상, 성격 Impression, Personality	• ㅎ 불규칙 • V-고 있다	인상착의 묘사하기 Describing appearance

3 소비 Consumption	1과
	인터넷으로 사면 얼마나 편리한데요
	You have no idea how convenient to buy stuff online
		인터넷 쇼핑
		Internet shopping
			• V-(으)라고 하다,
			  V-지 말라고 하다
			• 얼마나 A-(으)ㄴ데요,
			  얼마나 V-는데요
				상품 구매에 대한 의견 제시하기
				Giving an opinion about purchasing goods

	2과 이 티셔츠는 하얀색밖에 없는데요 This t-shirt only comes in white	소비 생활 Consumer life	• A-다!, V-ㄴ다/는다!, N(이)다! • N밖에	상품 구매에 대해 조언하기 Giving advice about purchasing goods
4 후회 Regret	1과 일찍 출발했어야 했는데 I should've left early	기회 Opportunity	• V-았어야/었어야 했는데 • V-자고 하다	후회하는 일에 대해 이야기하기 Talking about regretting things
	2과 아무리 후회해도 소용없어요 No matter how much you regret it, it's useless	후회 Regret	• 아무리 A/V-아도/어도 • A/V-잖아요	건강의 중요성에 대해 강조하기 Emphasizing the importance of health

듣기 Listening	과제 Tasks and Activities	읽고 쓰기 Reading and Writing
약속을 정하는 대화 듣기 Listening to a conversation about making plans 정보를 알려 주는 대화 듣기 Listening to conversations about giving information 수업을 듣자고 제안하는 대화 듣기 Listening to a conversation that suggests taking a class	광고 만들고 광고 내용 전달하기 Creating and delivering contents of advertisements	다산콜센터에 대한 게시글 읽기 Reading a post about Dasan Call Center 한국 생활에 유용한 정보 쓰기 Writing useful information for living in Korea
회식 참석 여부에 대한 대화 듣기 Listening to a conversation about whether or not people can attend a company dinner 정보를 알려 주는 대화 듣기 Listening to a conversation about giving information 뉴스 인터뷰 듣기 Listening to a news interview	뉴스 기사 전달하기 Passing on a news article	
메뉴 고르는 대화 듣기 Listening to a conversation about choosing food menu dishes 자신의 경험 이야기하는 대화 듣기 Listening to a conversation about a personal experience 휴가 계획을 정하는 대화 듣기 Listening to a convesation about making vacation plans	친구에게 들은 내용 전달하기 Passing on information you heard from a classmate	특별한 만남에 대한 글 읽기 Reading about meeting an influencial person 특별한 만남에 대한 글 쓰기 Writing about meeting an influencial person
사진 속 인물을 묘사하는 대화 듣기 Listening to conversations about describing someone 산에 대한 대화 듣기 Listening to a conversation about the mountains 인상착의 묘사하는 대화 듣기 Listening to a convesation about describing someone's appearance	친구의 옷차림 묘사하기 Describing a classmate's attire	
길거리 음식에 대한 대화 듣기 Listening to a conversation about street food 구매한 상품에 대한 대화 듣기 Listening to a conversation about a purchased item 건강 상태에 대한 대화 듣기 Listening to a conversation about health condition	주의해야 할 점 전달하기 Passing on points of caution	반품 문의하는 게시판 글 읽기 Reading a return policy email inquiry 반품이나 교환 요청하는 글 쓰기 Writing an email requesting a return or exchange
식당에서의 짧은 대화 듣기 Listening to short conversations at restaurants 나들이를 제안하는 대화 듣기 Listening to a conversation that suggests going out 물건 교환하는 대화 듣기 Listening to a conversation about exchanging a purchased item	홈쇼핑에서 물건을 판매하는 역할극하기 Role playing selling goods via home shopping	
여행 준비에 대한 대화 듣기 Listening to a conversation about travel preparations 분실물에 대한 대화 듣기 Listening to a conversation about a lost item 조사 결과에 대해 듣기 Listening to survey results	휴일 계획 세우기 Planning a holiday	후회하는 내용의 일기 읽기 Reading a diary of regrets 후회하는 일에 대한 글 쓰기 Writing about regretting things
이유를 설명하는 짧은 대화 듣기 Listening to short conversations explaining the reason for something 분실물에 대한 대화 듣기 Listening to a conversation about lost items 이유를 설명하는 대화 듣기 Listening to a conversation explaining the reason for something	퀴즈 만들기 Creating a quiz	

단원 Unit		어휘 Vocabulary	핵심 표현 Key Expression	말하기 Speaking
5 직장 생활 Work Life	1과 집에서 가까워서 다니기가 편해요 It's easy to get to work since it's close to home	태도, 업무 Attitude, Business	• V-기(가) A • V-(으)ㄹ까 하다	회사 생활의 좋은 점에 대해 이야기하기 Talking about the positive aspects of work life
	2과 많이 피곤해 보이네요 You look very tired	회사 생활 Work life	• A-아/어 보이다 • V-느라고	힘든 직장 동료 걱정하기 Worrying about a co-worker's difficulties
6 사고 Accident	1과 학교 앞에서 교통사고가 났대요 I heard that there was a traffic accident in front of the school	교통사고 Traffic accident	• A-대요, V-ㄴ대요/는대요 • V-다가	친구의 사고 소식 전달하기 Passing on news about a friend's traffic accident
	2과 미아 씨가 많이 아픈 모양이에요 I guess Mia is very sick	안전사고 Safety accident	• A-(으)ㄴ 모양이다, V-는 모양이다 • V-는 중이다, N 중이다	약속 정하기 Making an appointment

7
문병
Visiting a Sick Person
	1과
	오늘 문병 간다면서요?
	I heard you're going to visit someone in a hospital?
		병원
		Hospital
			• A-다면서요?,
			  V-ㄴ다면서요/
			  는다면서요?
			• V-(으)려면
				문병 선물 의논하기
				Discussing a gift for someone in a hospital

	2과 택시 타고 다니면 돼요 I can just take a taxi	치료 방법 Treatment method	• V-(으)면 되다 • N(이)나	몸 상태에 대해 이야기하기 Talking about your physical condition
8 기념일 Anniversary	1과 태극기가 걸려 있네요 The Korean flag is hanging	기념일 Anniversary	• V-아/어 있다 • A-(으)ㄴ지 알다/모르다, V-는지 알다/모르다	기념일에 대해 묻고 답하기 Asking and answering about anniversaries
	2과 결혼한 지 5년 됐어요 I've been married for 5 years	행사 Event	• V-(으)ㄴ 지 N이/가 되다 • V-기로 하다	모임에 대해 이야기하기 Talking about gatherings

9
꿈
Dreams
	1과
	선생님이 되려고 한국어를 배워요
	I'm learning Korean to become a teacher
		꿈, 성취
		Dream, Achievement
			• V-(으)려고 V
			• A-다면,
			  V-ㄴ다면/는다면,
			  N(이)라면
				유명인 인터뷰하기
				Interviewing celebrities

	2과 장학금을 받았으면 좋겠어요 It would be good to get a scholarship	소원, 운 Wish, Luck	• A/V-거든요 • A/V-았으면/었으면 좋겠다	실망한 친구 위로하기 Consoling a disappointed friend

듣기 Listening	과제 Tasks and Activities	읽고 쓰기 Reading and Writing
걱정하는 대화 듣기 Listening to a conversation about concerns 집들이에 초대하는 대화 듣기 Listening to an invitation to a housewarming party 출장 결과에 대한 대화 듣기 Listening to a conversation about the results of a business trip	한국 생활의 좋은 점과 불편한 점에 대해 이야기하기 Talking about the positive and inconvenient aspects of Korean life	책 소개하는 글 읽기 Reading a book introduction 책 소개하는 글 쓰기 Writing a book introduction
이유를 설명하는 대화 듣기 Listening to a conversation explaining the reason for something 상태를 묘사하는 대화 듣기 Listening to a conversation describing the status of something 텔레비전 프로그램에 대한 대화 듣기 Listening to a conversation about a television program	말판 놀이하기 Playing a board game	
교통사고에 대한 짧은 대화 듣기 Listening to short conversations about traffic accidents 사고 이유를 설명하는 대화 듣기 Listening to a conversation explaining the reason for an accident 인터넷 뉴스에 대한 대화 듣기 Listening to a conversation about internet news	인터뷰 내용 전달하기 Passing on contents of an interview	지진 대피 요령에 대한 글 읽기 Reading instructions on how to evacuate during an earthquake 화재 대처 요령에 대한 글 쓰기 Writing instructions on how to fight fires
친구의 상황에 대한 대화 듣기 Listening to conversations about a friend's situation 전화 대화 듣기 Listening to a phone conversation 사고 소식을 전하는 뉴스 듣기 Listening to news of an accident	몸으로 표현하기 Expressing through body motions	
병원 안내하는 대화 듣기 Listening to a conversation at a hospital information desk 조언을 구하는 대화 듣기 Listening to a conversation about seeking advice 방송 인터뷰 듣기 Listening to a broadcast interview	고민 듣고 해결 방법 찾아 주기 Listening to concerns and finding solutions	병원 면회 안내문 읽기 Reading hospital visitation information
연휴 계획에 대한 대화 듣기 Listening to a conversation about holiday plans 야식에 대한 대화 듣기 Listening to a conversation about late-night snacks 문병 계획에 대한 대화 듣기 Listening to a conversation about plans to visit someone in a hospital	문제 상황에 맞는 해결 방법 제안하기 Suggesting a proper solution to a problem	문병 예절에 대해 쓰기 Writing about etiquette when visiting someone in a hospital
게시판 광고에 대한 대화 듣기 Listening to a conversation about a bulletin board advertisement 스승의 날에 대한 대화 듣기 Listening to a conversation about Teacher's Day 전시회장에서의 대화 듣기 Listening to a conversation at an exhibition hall	퀴즈 풀기 Solving a quiz	어린이날에 대한 설명문 읽기 Reading an explanation about Children's Day
한국 생활에 대한 대화 듣기 Listening to a conversation about Korean life 모임에 초대하는 대화 듣기 Listening to a phone call of an invitation to a class reunion 마트 안내 방송 듣기 Listening to an announcement about an event at a supermarket	모임 계획 세우기 Planning a gathering	특별한 공휴일에 대해 쓰기 Writing about special holidays
고향에 가져갈 선물에 대한 대화 듣기 Listening to a conversation about gifts to take back to hometowns 복권 당첨에 대한 대화 듣기 Listening to a conversation about winning the lottery 꿈에 대한 대화 듣기 Listening to a conversation about dreams/hopes	무인도에 가져갈 물건 고르고 이유 설명하기 Choosing items to take to a deserted island and explaining why they were chosen	잡지 인터뷰 기사 읽기 Reading magazine inverview articles 목표나 계획에 대해 쓰기 Writing about goals or plans
정보 전달하는 대화 듣기 Listening to a conversation about passing on information 식당에서의 대화 듣기 Listening to a conversation at a restaurant 라디오 방송 듣기 Listening to a radio broadcast	소원 나무 만들기 Creating a wishing tree	

1 정보 Information

1과 사진 전시회를 한다고 해요
I heard that there's going to be a photo exhibition

- 정보 전달하기 1 (평서 1)
  Passing on information 1 (Declarative statement 1)
- 일의 순서 설명하기
  Explaining the sequence of event

어휘 Vocabulary

게시판   INFORMATION

서울 100년 사진 전시회

기간: 9월 1일~7일
장소: 서울특별시청
입장료: 8,000원

한국 요리 교실

대상: 한국에 사는 외국인
신청 방법: 인터넷 홈페이지
　　　　　(www.koreafood.com)
신청 기간: 9월 10일~15일
수업 일시: 9월 24일
　　　　　오전 10시~12시
　　　　　오후 2시~4시
참가비: 만 원(재료비 포함)

입장료 admission fee　　대상 target　　일시 day and time　　참가비 entry fee
재료비 material costs　　포함(되다) to be included

핵심 표현 Key Expression ❶ | A-다고 하다, V-ㄴ다고/는다고 하다, N(이)라고 하다

A 서울 시청에서 사진 전시회를 한다고 해요.
B 그래요? 그럼 한번 가 볼까요?

A: I heard that Seoul City Hall is holding a photo exhibition.
B: Really? Shall we go there?

 보기 와 같이 이야기해 보세요.
Create dialogues as shown in the example.

한국어 말하기 대회
대상: 서울대학교 언어교육원
　　　외국인 학생
장소: 서울대학교 강당
일시: 10월 6일(금)
　　　9:30~11:30
참가비: 무료
신청 방법: 인터넷 홈페이지
　　　　　(http://lei.snu.ac.kr)

한복 전시회
장소: 서울 전통 박물관
　　　5층 전시실
기간: 10월 1일(일)~31일(화)
입장료: 10,000원

※ 한복을 입고 사진을 찍을 수 있습니다.

이유미 콘서트
장소: 서울공연장
일시: 11월 4일(토)/5일(일)
　　　19:00~21:00
문의: 02-880-5488

보기

 한국어 말하기 대회를 한다고 해요.

 대회 장소가 어디라고 해요?

🔍 **A-다고 하다, V-ㄴ다고/는다고 하다, N(이)라고 하다**

'-다고 하다, -ㄴ다고/는다고 하다, (이)라고 하다' are used to convey information heard or learned through other people or media.

지우 씨는 요즘 일이 많다고 했어요.　　　　　부산에는 지금 눈이 온다고 해요.
케빈 씨가 김밥을 만들 줄 안다고 했어요.　　오늘이 투이 씨의 생일이라고 해요.

새 단어 New Vocabulary 　강당 auditorium　　전시실 gallery, exhibit hall

핵심 표현 Key Expression ❷ | V-고 나서

Track 02

A 전시회 보고 나서 같이 밥 먹을까요?
B 좋아요. 밥 먹고 나서 차도 한잔 마셔요.

A: Shall we eat together after we see the exhibition?
B: Sure. Let's have a cup of tea after eating.

💬 **그림을 보고 보기 와 같이 이야기해 보세요.**
Create dialogues for the following pictures as shown in the example..

🔍 **V-고 나서**

'-고 나서' indicates that another action or situation is followed by a certain action which is completed.

숙제를 하고 나서 게임을 할 거예요. | 친구가 이야기를 듣고 나서 화를 냈어요.

말하기 | Speaking

팅팅 케빈 씨는 한국 음식을 만들 줄 알아요?
케빈 아니요. 배워 보고 싶었는데 기회가 없었어요.
팅팅 게시판에서 봤는데 문화 센터에서 요리를 가르쳐 준다고 해요.
케빈 그래요? 언제까지 신청해야 되는데요?
팅팅 다음 주 수요일까지 신청하면 된다고 해요. 같이 배워 볼까요?
케빈 좋아요. 밥 먹고 나서 같이 신청해요.

💬 **친구와 이야기해 보세요.** Create conversations using the following words with your partner.

1) 한국 음식을 만들다 / 요리를 가르쳐 주다 / 다음 주 수요일 / 밥 먹다
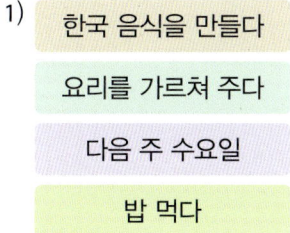

2) 기타를 치다 / 기타를 배울 수 있다 / 이번 주 금요일 / 수업 듣다
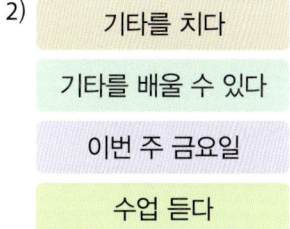

3) 서예를 하다 / 서예 교실을 시작하다 / 5월 6일 / 영화 보다
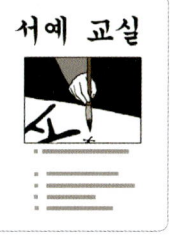

4) 요가를 하다 / 요가 수업을 들을 수 있다 / 6월 17일 / 차 마시다

새 단어 New Vocabulary 기회 opportunity   문화 센터 cultural center   서예 calligraphy

듣기 | Listening

1. 여자는 오늘 무엇을 할 것입니까? 잘 듣고 순서대로 번호를 쓰세요.
What is the woman going to do today? Listen to the conversation and write down the numbers in order.

Track 04

(　　)　　　(　1　)　　　(　　)　　　(　　)　　　(　　)

2. 잘 듣고 빈칸을 채우세요. Listen to the conversations and fill in the blanks.

Track 05

1)
태권도를 배워 보세요!
- 일시: ___월 ___일 2시
- 장소: 체육관
- 참가비: _____
- 신청 방법: _____
- 문의: www.snunori.com

2)
장난감 전시회
- 기간: 5월 1일 ~ ___월 ___일
- 장소: _____
- 입장료: 성인 _____
　　　　　어린이 6,000원
- 문의: 02 – 880 – 5488

3. 잘 듣고 질문에 답하세요. Listen to the conversation and answer the questions.

Track 06

1) 여자는 어떤 사람을 찾고 있습니까? Who is the woman looking for?

① 같이 문화 센터에 다닐 사람
② 요리 방법을 쉽게 설명해 줄 사람
③ 만든 요리를 맛있게 먹어 줄 사람

2) 맞는 것을 고르세요. Choose the correct statement.

① 여자는 요즘 회사 일 때문에 바쁘다.
② 여자는 밖에서 하는 활동을 좋아한다.
③ 요리를 배우려면 다음 주까지 신청해야 된다.

새 단어 | New Vocabulary　　체육관 gymnasium　　장난감 toy　　성인 adult　　어린이 child, kid

정답 | 1. (⑤) – (①) – (③) – (④) – (②)
2. 1) 6월 20일, 무료, 홈페이지에서
   2) 5월 15일, 사울 시청, 9,000원
3. 1) ① 2) ③

과제 | Tasks and Activities

 문화 센터 광고를 만들고 광고 내용을 친구에게 이야기해 보세요.
Create a cultural center advertisement and tell your classmates about it.

1. 문화 센터 광고를 보기 와 같이 만들어 보세요.
Create a cultural center advertisement as shown in the example.

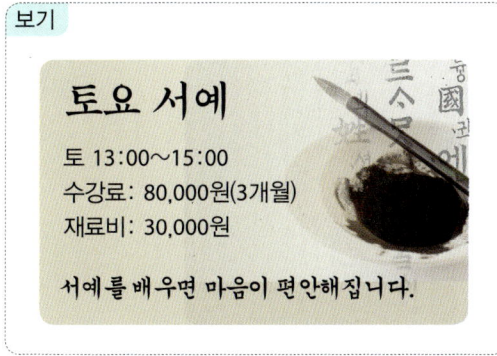

보기
토요 서예
토 13:00~15:00
수강료: 80,000원(3개월)
재료비: 30,000원

서예를 배우면 마음이 편안해집니다.

2. 위에서 만든 광고의 내용을 짝에게 이야기해 주세요.
Tell your partner the contents of the advertisement you made.

문화 센터에 서예 수업이 있어요. 토요일 오후 1시부터 3시까지 2시간 수업을 해요. 수강료는 8만 원인데 재료비 3만 원을 더 내야 돼요.

3. 짝을 바꾼 후 여러분이 들은 문화 센터 수업에 대해 새로운 짝에게 이야기해 주세요.
After changing partners, tell your new partner about the cultural center classes you have heard about.

문화 센터에 서예 수업이 있다고 해요.

수업이 무슨 요일인데요?

토요일요. 그리고 수업 시간은 오후 1시부터 3시까지라고 해요.

……

새 단어 | New Vocabulary   수강료 tuition

1 정보 Information

2과 텔레비전을 재활용 센터에 팔았다고 해요
She said that she sold her television to a recycling center

- 정보 전달하기 2 (평서 2)
  Passing on information 2
  (Declarative statement 2)
- 이유 설명하기 1
  Explaining reasons 1

어휘 Vocabulary

일회용품 disposable product   쓰레기봉투 garbage bag   음식물 쓰레기 food waste
분리수거(하다) to separate trash   재활용(하다) to recycle

핵심 표현 Key Expression ❶ | A/V-았다고/었다고 하다, A/V-(으)ㄹ 거라고 하다, A/V-겠다고 하다

A 안나 씨가 텔레비전을 재활용 센터에 팔았다고 해요.
B 왜요?
A 곧 고향으로 돌아갈 거라고 해요.

A: Anna said that she sold her television to a recycling center.
B: Why?
A: She says she's moving back home soon.

보기 와 같이 이야기해 보세요.
Create dialogues as shown in the example.

보기
아딜라 씨가 뭐라고 했어요?
아딜라 씨가 자기는 지난주에 냉면을 처음 먹어 봤다고 했어요.

다른 사람이나 매체를 통해 알게 된 내용을 전달할 때 '저'는 '자기'로 바꿔야 한다.
When conveying information heard or learned through other people or media, the word '저' should be changed to '자기'.
* 저는 → 자기는, 제가 → 자기가, 제 → 자기(의)

- 아딜라: 저는 지난주에 냉면을 처음 먹어 봤어요.
- 케빈: 주말에 춘천에 갈 거예요.
- 에바: 제 동생이 한국에 왔어요.
- 투이: 방학 때 태권도를 배울 거예요.
- 올리버: 제가 영어를 가르쳐 줄게요.
- 유카: 어제 영화를 봤는데 정말 재미있었어요.
- 양양

🔍 A/V-았다고/었다고 하다, A/V-(으)ㄹ 거라고 하다, A/V-겠다고 하다

'-았다고/었다고 하다, -(으)ㄹ 거라고 하다, -겠다고 하다' are used to convey information heard or learned through other people or media. Use '-았다고/었다고 하다' when conveying information that occurred in the past, and '-(으)ㄹ 거라고 하다' or '-겠다고 하다' for conveying information that will occur in the future.

유카 씨가 여행이 즐거웠다고 해요.
뉴스에서 내일 날씨가 더울 거라고 해요.

로렌 씨는 고향에서도 한국 노래를 들었다고 했어요.
양양 씨가 나중에 전화하겠다고 했어요.

새 단어 New Vocabulary   재활용 센터 recycling center   춘천 Chuncheon

핵심 표현 Key Expression ❷ | A/V-기 때문에

A 이건 재활용이 안 되기 때문에 쓰레기봉투에 버려야 돼요.
B 그래요? 몰랐어요.

A: You have to throw this in a garbage bag because it can't be recycled.
B: Really? I didn't know that.

💬 **보기** 와 같이 이야기해 보세요. Create dialogues as shown in the example.

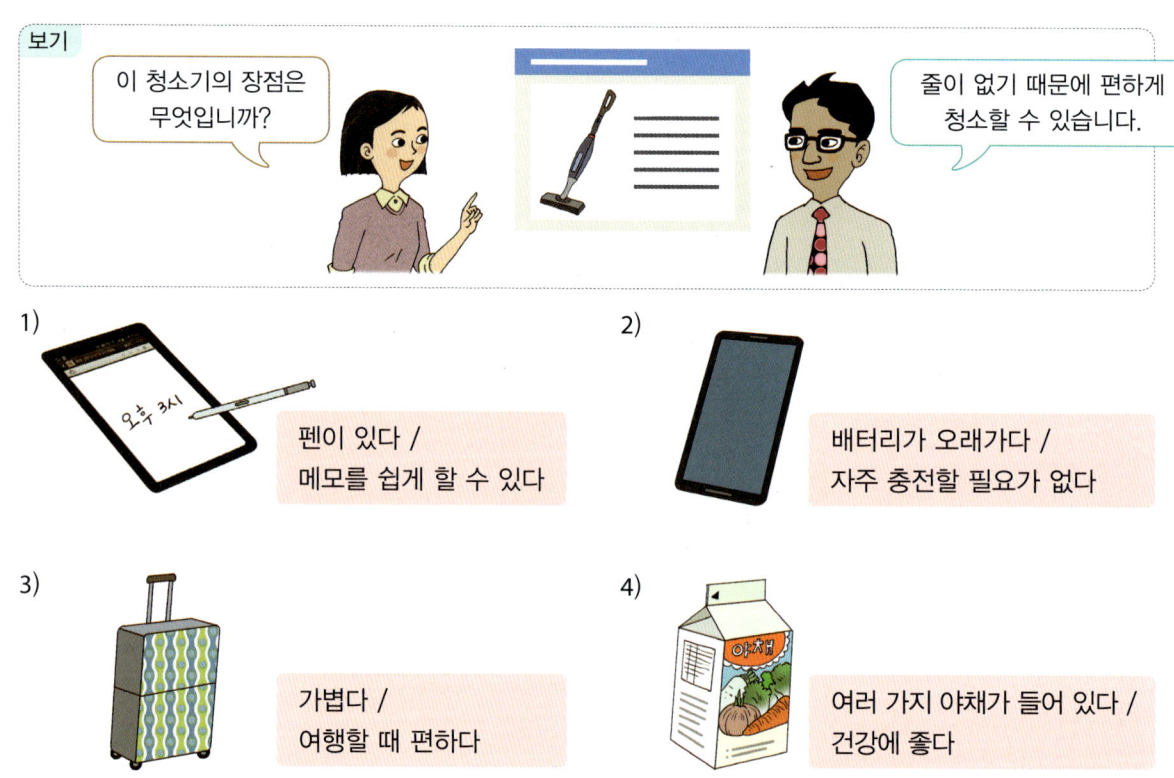

보기
이 청소기의 장점은 무엇입니까?
줄이 없기 때문에 편하게 청소할 수 있습니다.

1) 펜이 있다 / 메모를 쉽게 할 수 있다

2) 배터리가 오래가다 / 자주 충전할 필요가 없다

3) 가볍다 / 여행할 때 편하다

4) 여러 가지 야채가 들어 있다 / 건강에 좋다

🔍 **A/V-기 때문에**

'-기 때문에' indicates the reason or cause of something and is usually used in formal speech or writing. Use '-았기 때문에/었기 때문에' when the reason or cause occurred in the past tense.

비가 오면 길이 미끄럽기 때문에 조심해야 합니다. | 이 과자는 좋은 재료로 만들었기 때문에 믿을 수 있습니다.

새 단어
New Vocabulary
청소기 vacuum cleaner   장점 advantage, pros   줄 line, cord   오래가다 to last long   충전하다 to charge
야채 vegetable

말하기 Speaking

에바   안나 씨가 고향에 돌아갈 거라고 해요.
팅팅   그래요? 왜요?
에바   고향에 돌아가서 취직할 거라고 해요. 그래서 가기 전에 집에 있는 물건을 팔겠다고 하는데 같이 가 볼까요?
팅팅   좋아요. 언제 갈까요?
에바   오늘 수업 끝나고 가면 어때요?
팅팅   오늘은 발표 준비를 해야 되기 때문에 못 가요. 내일은 어때요?
에바   좋아요. 내일 같이 가요.

💬 **친구와 이야기해 보세요.** Create conversations using the following words with your partner.

1)

취직하다

집에 있는 물건을 팔다

발표 준비를 해야 되다

2)

남자 친구와 결혼하다

안 입는 옷을 주다

아르바이트를 하다

3)

대학원 시험을 보다

안 쓰는 가전제품을 팔다

요리 수업이 있다

4)

아버지 일을 도와드리다

필요 없는 물건을 나눠 주다

병원을 예약했다

새 단어 / New Vocabulary   가전제품 home appliance   나눠주다 to share, pass out   필요 없다 to not need

듣기 Listening

1. 잘 듣고 회식에 왜 못 가는지 연결하세요.
Listen to the conversation and connect the name of the person to the reason why they can't attend the company dinner.

1) 김 대리   2) 박 대리   3) 지우 씨

①   ②   ③   ④

2. 잘 듣고 맞으면 ○, 틀리면 × 하세요.
Listen to the conversation and if the statement is correct, write ○. If not, then write ×.

1) 식당은 저녁 6시에 문을 닫는다.   (　　)
2) 분리수거 하는 곳은 지하 1층에 있다.   (　　)
3) 음식물 쓰레기봉투는 기숙사에서 학생들에게 나눠준다.   (　　)

3. 잘 듣고 질문에 답하세요.
Listen to the conversation and answer the questions.

1) 남자는 취업 설명회를 무엇을 보고 알게 되었습니까? How did the man find out about the job fair?

    ① 신문 기사   ② 학교 게시판   ③ 인터넷 광고

2) 맞는 것을 고르세요. Choose the correct statement.

    ① 남자는 지금 한국 회사에서 일하고 있다.
    ② 중국인 유학생 2,500명이 이틀 동안 취업 설명회에 참가했다.
    ③ 외국인 유학생들은 두 나라 문화를 잘 알아서 한국 회사에 도움이 된다.

정답 | 1. 1) ② 2) ④ 3) ②   2. 1) (×) 2) (○) 3) (×)   3. 1) ② 2) ③

새 단어 New Vocabulary   대리 deputy section chief   취업 설명회 job fair   광고 advertisement   참가하다 to participate

과제 | Tasks and Activities

 뉴스 기사를 보고 기사의 내용을 친구에게 이야기해 보세요.
Look at the news article and tell your partner about the story.

1. 뉴스 기사를 하나씩 고르세요. 기사를 잘 읽고 나서 무슨 내용인지 짝에게 이야기해 주세요.
Choose a news article to read. After reading it, tell your partner about it.

2. 재미있는 기사를 찾아서 친구에게 이야기해 주세요. Find an interesting article and tell it to your partner.

새 단어
New Vocabulary

미세 먼지 fine dust
농도 concentration, density
외출 going out
마스크 mask
미래 future
주인공 main character

읽고 쓰기 | Reading and Writing

1. 다음을 읽고 질문에 답하세요. Read the following post and answer the questions.

120 다산콜센터를 아시나요?

 투이 10월 16일 오후 20:24

안녕하세요. 저는 베트남에서 온 투이입니다.

저는 9개월 전에 한국에 왔는데 이 게시판에서 정말 많은 도움을 받고 있어요. 그동안 글을 읽기만 했는데 오늘은 저도 여러분에게 유용한 정보를 알려 주려고 합니다.

여러분은 '120 다산콜센터'에 대해 들어 보셨나요? 서울 생활에 대해서 궁금한 것을 다 알려 주는 번호예요. 며칠 전에 홍대에서 놀다가 밤늦게 돌아가려고 했는데 버스도 안 오고 택시도 없어서 너무 무서웠어요. 그때 한국 친구한테 들은 다산콜센터가 생각이 났어요. 그래서 02-120에 문자를 보내서 물어봤어요. 금방 답이 왔는데 심야 버스가 있고 버스가 곧 도착할 거라고 했어요. 덕분에 안전하게 집에 돌아갈 수 있었어요. 여러분도 꼭 이용해 보세요.

 에밀리 10월 16일 오후 21:15

저도 들어 봤어요. 영어와 중국어, 일본어와 같은 외국어 서비스도 있기 때문에 외국인들도 쉽게 이용할 수 있다고 해요.

1) 왜 이 글을 썼습니까? Why did the woman write the post?

① 좋은 정보를 알려 주려고   ② 궁금한 것을 물어보려고   ③ 잘못된 정보를 고쳐 주려고

2) 윗글의 내용과 같은 것을 **모두** 고르세요. Choose **all** of the statements that are the same as above.

① 120 다산콜센터에는 외국어 서비스가 있다.
② 투이는 전에 이 게시판에 글을 쓴 적이 없다.
③ 투이는 시간이 늦어서 마지막 버스를 못 탔다.

2. 여러분도 한국 생활에 유용한 정보를 써 보세요. Write useful information about Korean life.

새 단어 / New Vocabulary: 유용하다 to be useful   궁금하다 to wonder   심야 버스 late-night bus   덕분에 thanks to someone/something

대화 Conversation

1과 사진 전시회를 한다고 해요
I heard that there's going to be a photo exhibition

Tingting	Kevin, do you know how to make Korean food?
Kevin	No. I wanted to learn how, but I haven't had a chance to.
Tingting	I looked at the bulletin board and it says that they are giving cooking lessons at the cultural center.
Kevin	Really? By when do I have to apply?
Tingting	It says that you have to apply by next Wednesday. Shall we learn together?
Kevin	Sure. Let's apply for it after we eat.

2과 텔레비전을 재활용 센터에 팔았다고 해요
She said that she sold her television to a recycling center

Eva	Anna says she's returning to her hometown.
Tingting	Really? Why?
Eva	She says that she's going to go back and get a job. So she says that she's going to sell the stuff before she leaves. Shall we go there together?
Tingting	Sure. When shall we go?
Eva	How about going after class today?
Tingting	I can't go today because I have to prepare for a presentation. How about tomorrow?
Eva	Sure. Let's go tomorrow.

2 만남 Meetings

1과 유학생 모임에 같이 갈래요?
Would you like to join the international student meeting?

- 상대방의 의사 묻고 답하기
  Asking and answering others' opinions
- 정보 전달하기 3 (의문)
  Passing on information 3 (Interrogation)

어휘 Vocabulary

친하다 to be close with someone   어색하다 to be awkward
사이가 가깝다 for a relationship to be close   정하다 to decide   미루다 to delay, postpone

핵심 표현 Key Expression ❶ | V-(으)ㄹ래요

A 오늘 유학생 모임이 있는데 양양 씨도 같이 갈래요?
B 아니요. 전 피곤해서 집에 갈래요.

A: There's an international students' meeting today. Yangyang, would you like to join us?
B: No. I'm tired, so I'm going home.

 보기 와 같이 이야기해 보세요. Create dialogues as shown in the example..

보기
A. 짜장면   B. 비빔밥   C. 된장찌개
짜장면 먹을래요?
아니요. 전 비빔밥 먹을래요.

1)
아메리카노
카페라테

녹차
오렌지 주스
사과 주스

2)
테니스를 배워 보세요
수영을 배워 보세요
태권도를 배워 보세요

3)
함께 외국어 공부를 해요.
영어 Hello
일본어 こんにちは
프랑스어 bonjour
중국어 你好

4)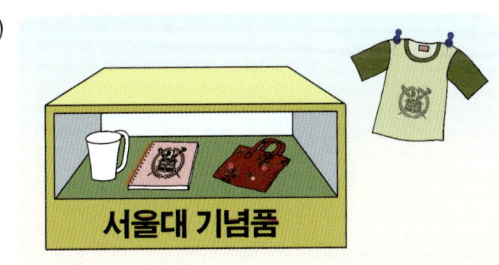
서울대 기념품

🔍 V-(으)ㄹ래요

'-(으)ㄹ래요' indicates that the speaker has an intention or is willing to do something, but the interrogative sentence indicates that the speaker is asking someone's opinion or intention about something or a choice.

A: 같이 노래방에 갈래요?
B: 저는 내일 시험이 있어서 집에서 공부할래요.

A: 무슨 영화 볼래요?
B: 이번에 새로 나온 한국 영화 봐요.

핵심 표현 Key Expression ❷ | A-(으)냐고 하다/묻다, V-느냐고 하다/묻다, N(이)냐고 하다/묻다

A 우리 내일 민준 씨하고 같이 점심 먹을래요?
B 좋아요. 민준 씨한테 내일 같이 먹을 수 있느냐고 물어볼게요.

A: Would you like to have lunch with Min Joon tomorrow?
B: Sure. I'll ask him if he's able to eat with us tomorrow.

보기 와 같이 이야기해 보세요.
Create dialogues as shown in the example.

1) 임신했을 때 커피 마셔도 되나요?
2) 찬물이 건강에 나빠요?
3) 노인에게 좋은 운동은 무엇인가요?
4) 인삼을 먹으면 오래 살아요?
5) 살 빼는 약이 효과가 있어요?
6) ?

A-(으)냐고 하다/묻다, V-느냐고 하다/묻다, N(이)냐고 하다/묻다

'-(으)냐고 하다/묻다', '-느냐고 하다/묻다', '(이)냐고 하다/묻다' are used to pass on the contents of a question.

다쿠야 씨가 저한테 민준 씨하고 친하냐고 했어요.
지우 씨가 어디에 가느냐고 물어봤어요.

케빈 씨가 한국 친구가 많으냐고 물었어요.
에바 씨가 오늘이 며칠이냐고 물었어요.

새 단어 New Vocabulary 시청자 viewer 임신하다 to get pregnant 찬물 cold water 인삼 ginseng 살을 빼다 to lose weight 효과 effect

말하기 Speaking

투이 민준 씨, 룸메이트 찾지요? 제 친구도 방을 찾고 있는데 한번 만나 볼래요?
민준 그래요? 어떤 친구인데요?
투이 이름은 양양이고 중국 사람이에요. 성격이 좋아서 금방 친해질 거예요.
민준 좋아요. 언제 만날 수 있느냐고 물어봐 줄래요?
       ……
투이 주말이 좋다고 하네요. 민준 씨는 어때요?
민준 네, 저도 좋아요. 장소는 어디로 정할까요?
투이 제가 양양 씨한테 어디가 좋으냐고 물어볼게요.

친구와 이야기해 보세요. Create conversations using the following words with your partner.

1) 양양, 중국 사람
   언제 만날 수 있어요?
   어디가 좋아요?

2) 미아, 독일 사람
   언제 시간이 나요?
   어디에서 만나고 싶어요?

3) 유카, 일본 사람
   언제 괜찮아요?
   학교 근처에서 만나도 돼요?

4) 케빈, 미국 사람
   언제가 좋아요?
   괜찮은 곳을 알아요?

듣기 Listening

1. 잘 듣고 각각 무슨 메뉴를 골랐는지 연결하세요.
Listen to the conversation and connect the name of the person to the dish that they chose.

1) 팅팅 2) 에바 3) 민준 4) 케빈

① 돈가스 ② 비빔밥 ③ 김밥 ④ 칼국수 ⑤ 냉면

2. 잘 듣고 질문에 답하세요. Listen to the conversation and answer the questions.

1) 여자가 남자에게 물어본 말이 **아닌** 것은 무엇입니까? What did the woman **not** ask the man?
   ① 몇 학년이에요?   ② 여자 친구 있어요?   ③ 우리 학교 학생이에요?

2) 맞는 것을 고르세요. Choose the correct statement.
   ① 남자는 여자와 커피를 마셨다.
   ② 남자는 여자에게 먼저 말을 했다.
   ③ 남자와 여자는 카페에서 처음 만났다.

3. 잘 듣고 질문에 답하세요. Listen to the conversation and answer the questions.

1) 다음 중 딸이 하고 싶어 하는 일은 무엇입니까? Which of the following does the daughter want to do?
   ① 수영하기   ② 별 구경하기   ③ 바나나 보트 타기

2) 맞는 것을 고르세요. Choose the correct statement.
   ① 아빠는 캠핑장에 전화하려고 한다.
   ② 아빠와 엄마의 휴가 날짜가 다르다.
   ③ 아이들은 강원도에 가고 싶지 않다고 했다.

새 단어 New Vocabulary: 학년 school grade   별 star   바나나 보트 banana boat

과제 Tasks and Activities

 친구에게 궁금한 점을 물어보고 들은 내용을 발표해 보세요.
Ask your classmates the things you wonder about them and then present their responses.

1. 3~4명이 모여서 서로 질문하고 대답하세요.
Form teams of 3~4 people and ask and answer each other's questions.

질문

1. 취미가 뭐예요?
2. 어떤 음악을 좋아해요?
3. 지금 누가 제일 보고 싶어요? 왜요?
4. 지금까지 가 본 곳 중에서 어디가 좋았어요?
5. _____?

취미가 뭐예요?

여행하는 거 좋아해요.

2. 친구와 대화한 내용을 아래와 같이 발표해 보세요.
Present your findings to the class like below.

제가 다쿠야 씨한테 취미가 뭐냐고 물어봤는데 다쿠야 씨가 여행을 좋아한다고 했어요.

2 만남 Meetings

2과 까만 모자를 쓰고 있어요
He's wearing a black hat

• 겉모습 묘사하기
Describing appearance

어휘 Vocabulary

첫인상 first impression
인상이 좋다 to give a good impression
인상이 나쁘다 to give a bad impression
인상이 차갑다 to give a cold impression

활발하다 to be active
성격이 급하다 to be impatient
유머가 있다 to have a sense of humor

핵심 표현 Key Expression ❶ | 'ㅎ' 불규칙

Track 19

A 유카 씨, 얼굴이 빨개요.
B 네, 교실이 좀 덥네요.

A: Yuka, your face is red.
B: Yeah. The classroom is a little hot.

 다음 단어를 사용해서 보기 와 같이 이야기해 보세요.
Create dialogues using the following words as shown in the example.

| 빨갛다 | 파랗다 | 노랗다 | 까맣다 | 하얗다 |

보기
- 이 옷에 어떤 넥타이가 어울릴까요?
- 파란 넥타이를 매면 잘 어울릴 것 같아요.

- 이 옷에 어떤 신발이 어울릴까요?
- 가을 산은 색깔이 어때요?
- 머리를 무슨 색으로 염색하고 싶어요?
- 무슨 색 옷이 제일 많아요?
- ?

🔍 'ㅎ' 불규칙

When some adjectives that end with the stem 'ㅎ' are combined with a subsequent stem's ending that begins with '으', both the 'ㅎ' and '으' are dropped. When an ending begins with '-아/어', the 'ㅎ' is dropped and the ending '-아/어' becomes '애' and the ending '-야' becomes '얘'.

하얀 눈이 내렸어요. | 지금 기분이 어때요?

새 단어 New Vocabulary 어울리다 to match, go well with   매다 to tie   염색하다 to dye

핵심 표현 Key Expression ❷ | V-고 있다

Track 20

A 저기 까만 가방을 메고 있는 사람이 누구예요?
B 스티안 씨예요.

A Who's that person wearing a black bag?
B That's Stian.

💬 보기 와 같이 사람들의 옷차림을 설명해 보세요. Explain people's attire as shown in the example.

누가 양양 씨예요?

저기 안경을 끼고 있는 사람이 양양 씨예요.

🔍 V-고 있다

'-고 있다' indicates the continuation of a state combined with a verb associated with wearing things and is mainly used to describe attire.

다쿠야 씨가 넥타이를 매고 있어요.　｜　하얀 장갑을 끼고 있는 사람이 양양 씨예요.

| 새 단어 New Vocabulary | 메다 to carry, shoulder　　끼다 to wear |

말하기 Speaking

지우 오랜만에 여행을 가니까 좋네요.
스티안 네. 하늘도 파랗고 바람도 시원하고 정말 좋아요.
지우 어, 그런데 저기 다쿠야 씨 아니에요?
스티안 네? 누구요?
지우 저기 까만 모자를 쓴 사람요.
스티안 다쿠야 씨가 맞네요. 그런데 그 옆에 스카프를 매고 있는 사람은 누구예요?
지우 미아 씨 같은데요. 우리 가서 인사해요.

 친구와 이야기해 보세요. Create conversations using the following words with your partner.

1) 다쿠야 / 까맣다 / 스카프를 매다

2) 로렌 / 노랗다 / 선글라스를 끼다

3) 호세 / 하얗다 / 배낭을 메다

4) 안나 / 빨갛다 / 커피를 들다

새 단어 New Vocabulary 오랜만에 a long time since   인사하다 to greet

듣기 Listening

1. 잘 듣고 사진 속에서 양양 씨를 고르세요.
Listen to the conversations and pick out Yangyang from the pictures.

Track 22

1)

2)

2. 잘 듣고 질문에 답하세요. Listen to the conversation and answer the questions.

Track 23

1) 지금은 무슨 계절입니까? Which season is it now?
　① 봄　　　② 가을　　　③ 겨울

2) 맞는 것을 고르세요. Choose the correct statement.
　① 남자는 전에 이 산에 올라온 적이 없다.
　② 여자는 눈으로 하얗게 덮인 산을 제일 좋아한다.
　③ 남자는 겨울 산에 대한 이야기를 한국 친구한테서 들었다.

3. 잘 듣고 질문에 답하세요. Listen to the conversation and answer the questions.

Track 24

1) 지금 두 사람은 무엇을 하고 있습니까? What are the two people doing right now?

① 　② 　③

2) 맞는 것을 고르세요. Choose the correct statement.
　① 남자는 지금 여자와 같은 디자인의 운동화를 신고 있다.
　② 여자는 전에 남자에게 선물 받은 옷이 마음에 들지 않았다.
　③ 여자는 남자와 같은 색깔, 같은 디자인의 옷을 입고 싶어 한다.

정답 | 1. 1) ① 2) ③　2. 1) ② 2) ③　3. 1) ① 2) ②

새 단어 New Vocabulary　올라오다 to come up　덮이다 to be covered　-에 대한 about

과제 Tasks and Activities

 친구가 묘사하는 사람이 누구인지 맞혀 보세요.
Guess which person they're describing.

1. 마음속으로 우리 반 학생 중 한 명을 고르세요. In your head, pick one of your classmates.

2. 짝이 마음속으로 고른 사람이 누구인지 질문을 해서 찾으세요.
Ask questions to find out who your classmates chose.

까맣다 파랗다	청바지 모자 스카프 귀걸이	입다 하다 메다
하얗다 노랗다	안경 장갑 목도리 목걸이	신다 들다 매다
빨갛다	시계 팔찌 머리띠 ……	쓰다 끼다 차다

"안경을 쓰고 있어요?"

"아니요. 안경을 안 쓰고 있어요."

"티셔츠를 입고 있어요?"

"네. 노란 티셔츠를 입고 있어요."

"……"

새 단어 New Vocabulary 목도리 muffler 목걸이 necklace 팔찌 bracelet 머리띠 headband (시계를) 차다 to wear (a watch)

읽고 쓰기 | Reading and Writing

1. 다음을 읽고 질문에 답하세요. Read the following passage and answer the questions.

우리는 살면서 많은 사람들을 만난다. 그중에는 인생을 바꿀 수 있는 소중한 만남도 있다. 나에게도 그런 만남이 있었다. 바로 고등학교 때 수학 선생님과의 만남이다.

내가 김 선생님을 처음 봤을 때 선생님은 까만 양복을 단정하게 입고 네모난 안경을 쓰고 계셨다. 첫인상이 좀 차가웠다. 하지만 외모와는 다르게 김 선생님은 마음이 따뜻한 분이셨다. 어색한 분위기를 즐겁게 만드는 유머도 있으셨다. 그래서 우리는 선생님과 금방 친해졌다.

선생님은 우리에게 꿈이 뭐냐고, 무슨 일을 하고 싶으냐고 끊임없이 물으셨다. 열심히 공부하는 것도 중요하지만 자신이 진짜 하고 싶은 일을 찾는 것이 더 중요하다고 말씀하셨다. 사실 그 전까지는 꿈에 대해 별로 생각해 본 적이 없었다. 하지만 선생님의 질문을 듣고 내가 하고 싶은 일에 대해 진지하게 생각하게 되었고 꿈을 찾을 수 있었다. 선생님을 만나지 못했으면 아마 나는 작가가 되지 못했을 것이다.

1) 이 글의 제목으로 어울리는 것을 고르세요. Choose the title that best describes the passage.
   ① 꿈을 찾는 방법　　② 작가가 되고 싶은 이유　　③ 김 선생님과의 소중한 만남

2) 맞는 것을 고르세요. Choose the correct statement.
   ① 이 사람은 김 선생님 덕분에 꿈을 찾을 수 있었다.
   ② 이 사람은 김 선생님과 사이가 별로 가깝지 않았다.
   ③ 이 사람은 고등학교 때 김 선생님께 질문을 많이 했다.

2. 여러분에게 큰 영향을 준 사람이 있습니까? 언제 처음 만났습니까? 그때 그 사람은 어떤 모습이었습니까? 그 사람은 여러분에게 어떤 말을 했습니까? 써 보세요.
Has anyone had a big impact on you? When did you first meet them? What did they look like then? What did they say to you? Write about them.

새 단어 / New Vocabulary: 인생 life　소중하다 to be precious　수학 mathematics　네모나다 to be square　끊임없이 continuously　진지하다 to be serious　영향 influence, effect　모습 image

정답 | 1. 1) ③ 2) ①

대화 Conversation

1과 유학생 모임에 같이 갈래요?
Would you like to join the international student meeting?

Thuy	Minjun, you're looking for a roommate, aren't you? My friend is also looking for a room. Would you like to meet him?
Minjun	Really? What kind of person is he?
Thuy	His name is Yangyang and he's Chinese. You'll quickly become close since he has a nice personality.
Minjun	Okay. Can you ask him when he's able to meet?
	……
Thuy	He says the weekend is good. How about you?
Minjun	Sure. Me too. Where shall we decide to meet?
Thuy	I'll ask him where a good place is.

2과 까만 모자를 쓰고 있어요
He's wearing a black hat

Jiwoo	It's good to go on a trip after a long time.
Stian	Yeah. The sky is blue and the wind is cool. It's really nice.
Jiwoo	Huh? By the way, isn't that Takuya over there?
Stian	What? Who?
Jiwoo	The person over there wearing a black hat.
Stian	That sure is Takuya. By the way, who is the person next to him wearing a scarf?
Jiwoo	It looks like Mia. Let's go and say hi.

3 소비 Consumption

1과 인터넷으로 사면 얼마나 편리한데요
You have no idea how convenient to buy stuff online

- 정보 전달하기 4 (명령)
  Passing on information 4 (Commands)
- 강조하기 1
  Emphasizing 1

어휘 Vocabulary

할인 discount   배송비 shipping fee   장바구니 shopping cart
구매하다 to purchase   결제하다 to pay

핵심 표현 Key Expression ❶ | V-(으)라고 하다, V-지 말라고 하다

Track 25

A 엄마가 노트북 가격 좀 알아보라고 하셨어.
B 그래? 그럼 지금 검색해 보자.

A: Mom said to look up laptop prices.
B: Really? Well then, let's search now.

💬 여러분에게 누가 무엇을 하라고 했어요? 무엇을 하지 말라고 했어요? 보기 와 같이 이야기해 보세요.
What did someone tell you to do? What did they tell you not to do? Talk about them as shown in the example.

| 부모님 | 선생님 | 남자 / 여자 친구 |

| 언니 / 누나
오빠 / 형
동생 | 집주인 | ? |

🔍 **V-(으)라고 하다, V-지 말라고 하다**

'-(으)라고 하다' is used to pass on another person's commands or requests. Use '-지 말라고 하다' when passing on a negative commands or requests.

미아 씨가 태권도를 배워 보라고 했어요. | 친구가 더우니까 창문을 닫지 말라고 했어요.

새 단어 New Vocabulary 검색하다 to search

핵심 표현 Key Expression ❷ | 얼마나 A-(으)ㄴ데요, 얼마나 V-는데요

A 팅팅 씨는 왜 항상 인터넷으로 물건을 사요?
B 인터넷으로 사면 가격도 싸고 얼마나 편리한데요.

A: Tingting, why do you always buy stuff on the internet?
B: You have no idea how cheap and convenient to buy stuff online.

보기 와 같이 이야기해 보세요.
Create dialogues as shown in the example.

보기
- 민준 씨는 왜 항상 주말에 등산을 해요?
- 등산이 건강에 얼마나 좋은데요.

- ○○ 씨는 왜 인기가 많을까요?
- 아직도 일이 안 끝났어요?
- 이사한 집이 그렇게 마음에 들어요?
- 왜 이렇게 늦었어요?
- 그 영화를 또 봐요?

얼마나 A-(으)ㄴ데요, 얼마나 V-는데요

'얼마나 -(으)ㄴ/는데요' is used to emphasize the intensity of action or degree of condition. Generally, when combined with a verb, it is used in conjunction with an adverb that expresses intensity such as '잘' or '많이'.

A: 왜 매일 이 코트만 입어요?
B: 이 코트가 얼마나 따뜻한데요.

A: 저 가수가 그렇게 좋아?
B: 응. 노래를 얼마나 잘 부르는데.

말하기 Speaking

에바 양양 씨, 무슨 좋은 일 있어요?
양양 네. 누나가 필요한 거 있으면 사라고 하면서 용돈을 줬어요.
에바 정말 좋겠어요. 그런데 그 돈으로 뭐 할 거예요?
양양 이어폰 사려고요.
에바 이어폰요?
양양 네. 제가 이어폰을 얼마나 사고 싶었는데요. 인터넷에서 가격을 비교해 보고 살 거예요.
에바 가격도 비교하고 구매하기 전에 상품평도 읽어 보면 좋아요.

 친구와 이야기해 보세요. Create conversations using the following words with your partner.

1) "필요한 거 있으면 사"
   이어폰
   이어폰을 사고 싶었다

2) "옷 한 벌 사 입어"
   코트
   이 코트를 오래 입었다

3) "부모님 말씀 잘 들어"
   자전거
   자전거 타는 걸 좋아하다

4) "공부 열심히 해"
   카메라
   사진에 관심이 많다

새 단어 New Vocabulary: 용돈 allowance, pocket money   이어폰 earphones   비교하다 to compare   상품평 product review   벌 unit noun for clothes

듣기 Listening

1. 아이들은 무엇을 할 것입니까? 잘 듣고 고르세요.
What are the children going to do? Listen to the conversation and choose the correct answer.

2. 잘 듣고 맞으면 ○, 틀리면 × 하세요.
Listen to the conversation and if the statement is true, write ○. If not, then write ×.

1) 여자는 옷장에 옷이 별로 많지 않다.   (   )

2) 여자는 인터넷으로 옷을 많이 사서 배송비를 안 냈다.   (   )

3) 남자는 요즘 살이 쪄서 새 옷을 사고 싶어 한다.   (   )

3. 잘 듣고 질문에 답하세요. Listen to the conversation and answer the questions.

1) 다음 중 의사가 **하지 않은** 말은 무엇입니까? Which of the following statements did the doctor **not** make?

① 술을 마시지 마세요.
② 목요일에는 식사하지 마세요.
③ 금요일에 검사하러 다시 오세요.

2) 대화의 내용과 같은 것은 무엇입니까? Which of the statements is the same as the contents from the conversation?

① 두 사람은 어제 학교에서 만났다.
② 검사하기 전에 물을 마시면 안 된다.
③ 여자는 술을 많이 마셔서 속이 안 좋다.

정답 | 1. ②   2. 1) (×) 2) (○) 3) (×)   3. 1) ② 2) ②

새 단어 New Vocabulary   살이 찌다 to gain weight   검사하다 to examine   속이 안 좋다 for one's stomach to not feel well

48   3. 소비

과제 Tasks and Activities

 여러분 나라에서 주의해야 할 것을 메모하고 친구에게 이야기해 주세요.
Write down things that you should be cautious of in your home country and talk about them with your partner.

1. 여러분 나라에서는 무엇을 주의해야 해요? 보기 와 같이 써 보세요.
What things should you be cautious of in your home country? Write them down as shown in the example.

보기
한국에서는 _____
쓰레기를 분리해서 버리세요.
어른 앞에서 담배를 피우지 마세요.
버스나 지하철에서 환승할 때 꼭 교통 카드를 찍으세요.

_____ 에서는
_____ (으)세요.
_____ 지 마세요.

2. 메모를 보고 친구에게 여러분 나라에서 주의해야 하는 것을 이야기해 주세요.
Looking at your notes, tell your partner what they should be cautious of in your home country.

한국에서는 쓰레기를 분리해서 버리세요.
그리고 어른 앞에서 담배를 피우지 마세요.
또 ……

3. 짝을 바꿔서 들은 내용을 새로운 짝에게 말해 주세요.
Change partners and tell your new partner about the precautions you previously heard.

민준 씨가 한국에서는 쓰레기를 분리해서 버리라고 했어요. 그리고 어른 앞에서 담배를 피우지 말라고 했어요. 또 ……

새 단어 New Vocabulary 환승하다 to transfer (카드를) 찍다 to scan (a card)

3 소비 Consumption

2과 이 티셔츠는 하얀색밖에 없는데요
This t-shirt only comes in white

- 감탄 표현하기 Expressing admiration
- 부족함 표현하기 Expressing insufficiency

어휘 Vocabulary

교환하다 to exchange   환불하다 to refund   반품하다 to return a product
낭비하다 to waste   아끼다 to conserve

핵심 표현 Key Expression ❶ | A-다!, V-ㄴ다/는다!, N(이)다!

A 저 가방 정말 예쁘다!
B 들어가서 볼까?

A: That bag is really pretty.
B: Shall we go in and take a look?

 그림을 보고 보기 와 같이 이야기해 보세요.
Create dialogues for the following pictures as shown in the example.

보기

와! 노래 잘한다!

1)
2)
3)
4)
5)
6)

🔍 A-다!, V-ㄴ다/는다!, N(이)다!

'A-다!, V-ㄴ다/는다!, N(이)다!' are used to show admiration when speaking.

A: 저 사람 한국어 진짜 잘한다!
B: 맞아. 나도 저렇게 잘하고 싶어.

A: 와, 떡볶이다! 가서 사 먹자.
B: 그래, 맛있겠다!

3-2. 이 티셔츠는 하얀색밖에 없는데요 **51**

핵심 표현 Key Expression ❷ | N밖에

A 다른 색은 없어요?
B 이 티셔츠는 하얀색밖에 없는데요.

A: There aren't any other colors?
B: This t-shirt only comes in white.

보기 와 같이 이야기해 보세요.
Create dialogues as shown in the example

N밖에

'밖에' is used with a negative expression, indicating that there is no other possibility or choice.
냉장고에 물밖에 없어요. | 저는 그 사람 이름밖에 몰라요.

말하기 Speaking

지우   저 <mark>원피스</mark> 어때? 하나 살까?
로렌   와, <mark>예쁘다</mark>! 그런데 너 저런 디자인 있지 않아?
지우   비슷한 게 있지만 <mark>까만색</mark>밖에 없어.
로렌   그래도 비슷한 걸 또 사는 건 낭비인 것 같아.
지우   그래. 다음 달에 이사해야 하니까 돈을 좀 아끼는 게 좋겠지?
로렌   응. 이사하면 돈 쓸 일이 많을 거야. 그러니까 <mark>충동구매 하지 마</mark>.

💬 **친구와 이야기해 보세요.** Create conversations using the following words with your partner.

1) 원피스 / 예쁘다 / 까만색 / 충동구매 하다

2) 구두 / 편하겠다 / 하나 / 낭비하다

3) 셔츠 / 싸다 / 체크무늬 / 필요 없는 물건을 사다

4) 가방 / 디자인 좋다 / 오래된 것 / 돈을 많이 쓰다

새 단어 New Vocabulary 충동구매 impulse purchase 체크무늬 checkered-pattern

듣기 Listening

1. 잘 듣고 알맞은 그림을 고르세요. Listen to the conversations and choose the correct picture.
Track 34

1) •   2) •   3) •

①    ②    ③   ④

2. 잘 듣고 질문에 답하세요. Listen to the conversation and answer the questions.
Track 35

1) 두 사람은 지금 어디에 있습니까? Where are the two people now?

①    ②    ③

2) 맞는 것을 고르세요. Choose the correct statement.
　① 남자는 인천에 가고 싶어 한다.
　② 여자는 오늘 계속 공부할 것이다.
　③ 남자는 30분 후에 출발할 것이다.

3. 잘 듣고 맞으면 ○, 틀리면 × 하세요.
Listen to the conversation and if the statement is true, write ○. If not, then write ×.
Track 36

1) 여자는 영수증을 가져왔다.　　　　　(　　)
2) 여자는 며칠 전에 하얀색 셔츠를 샀다.　(　　)
3) 교환한 셔츠의 가격은 5천 원이다.　　(　　)

| 새 단어 New Vocabulary | 인천 Incheon |

1. 1) ② 2) ④ 3) ③　2. 1) ② 2) ①　3. 1) (○) 2) (×) 3) (×)

54　3. 소비

과제 Tasks and Activities

 여러분이 홈쇼핑 호스트가 되어 물건을 판매해 보세요.
Be a home shopping host and sell items.

1. 다음 홈쇼핑 화면을 보고 'N밖에'를 이용해서 문장을 만들어 보세요.
Look at the following home shopping scenes and make sentences using 'N밖에'.

서울홈쇼핑에서밖에 살 수 없다.

색깔이 빨간색밖에 없다.

……

2. 짝과 함께 물건을 판매하는 역할극을 해 보세요. Practice selling items with your partner.

예쁘고 따뜻한 여성 코트입니다.
서울홈쇼핑에서밖에 살 수 없습니다.
……

새 단어 New Vocabulary 여성 woman 남성 man 판매 sale 매진 sellout 배송일 delivery date 남다 to remain

읽고 쓰기 | Reading and Writing

1. 다음을 읽고 질문에 답하세요. Read the following passage and answer the questions.

1:1 상담 게시판

제목	반품/교환 문의
작성자	아딜라
이메일	adl0723 @ seoul.net

안녕하세요?
　지난 수요일에 이 쇼핑몰에서 가방을 주문했는데 오늘 받았습니다. 그런데 컴퓨터 화면에서 본 것보다 색깔이 어둡습니다. 그리고 가방에 있는 끈도 너무 짧아서 어깨에 메면 불편합니다. 그래서 반품하고 싶습니다.
　제가 주말밖에 시간이 없는데 주말에 가져가실 수 있나요? 그리고 구매할 때 배송비를 냈는데 반품할 때에도 배송비를 내야 하나요? 반품 배송비를 내야 하면 카드로 결제할 수 있나요? 반품하는 방법을 알려 주세요.
　빠른 답변 부탁드립니다.

1) 이 글을 쓴 이유는 무엇입니까? Why was this passage written?

　① 가방을 반품하려고　　② 가방 끈을 바꾸려고　　③ 다른 색깔로 교환하려고

2) 맞는 것을 고르세요. Choose the correct statement.

　① 이 가방은 무료로 배송되었다.
　② 이 가방은 어깨에 메는 가방이다.
　③ 가방이 편하지만 색깔이 마음에 안 든다.

2. 여러분도 반품하거나 교환하고 싶은 물건이 있으면 게시판에 써 보세요.
Post a message on the message board about an item that you would like to return or exchange.

활동지
p. 144

새 단어 / New Vocabulary
상담 consultation　작성자 writer
끈 strap　답변 response

정답 | 1. 1) ① 2) ②

대화 Conversation

1과 인터넷으로 사면 얼마나 편리한데요
You have no idea how convenient to buy stuff online

Eva	Yangyang, did something good happen?
Yangyang	Yes. My sister gave me some pocket money and told me to buy something if I needed it.
Eva	That's great. By the way, what are you going to do with the money?
Yangyang	I'm going to buy earphones.
Eva	Earphones?
Yangyang	Yeah. I really wanted to buy earphones. I'm going to compare prices on the internet and then buy some.
Eva	It's good if you compare prices and read product reviews before you purchase them.

2과 이 티셔츠는 하얀색밖에 없는데요
This t-shirt only comes in white

Jiwoo	What do you think about that dress? Should I buy one?
Lauren	Wow, that's pretty! By the way, don't you have one of that design?
Jiwoo	I have a similar one, but I only have it in black.
Lauren	Still though, it seems like a waste of money to buy a similar one.
Jiwoo	Okay. I have to move next month, so I should save money, right?
Lauren	Yeah. If you move, you'll have to spend a lot of money. So don't make an impulse purchase.

4 후회 Regret

1과 일찍 출발했어야 했는데
I should've left early

- 후회 표현하기
  Expressing regret
- 정보 전달하기 5 (청유)
  Passing on information 5 (Suggestion)

어휘 Vocabulary

망설이다 to hesitate   기회를 놓치다 to miss an opportunity   포기하다 to give up
후회하다 to regret   아쉽다 to feel bad, sorry

핵심 표현 Key Expression ❶ | V-았어야/었어야 했는데

Track 37

A 늦어서 미안해. 좀 더 일찍 출발했어야 했는데······.
B 괜찮아. 나도 조금 전에 왔어.

A: I'm sorry for being late. I should've left earlier.
B: It's alright. I also just got here a little bit ago.

후회하는 일이 있어요? 보기 와 같이 이야기해 보세요.
Do you have any regrets? Talk about them as shown in the example.

보기

며칠 전이 동생 생일이었어요.
축하 전화를 했어야 했는데
깜박 잊어버렸어요.

저는 어렸을 때 물이 무서워서
수영 배우는 걸 포기했어요.
포기하지 말았어야 했는데······.

어렸을 때   고등학교 때

한국에 오기 전에   작년에   지난달에

며칠 전에   ?

🔍 V-았어야/었어야 했는데

'-았어야/었어야 했는데' indicates regret about something that you think it should have been done or should not have been done in the past.

은행이 문을 닫았어요. 좀 더 일찍 왔어야 했는데······.   음식이 모자라요. 음식을 많이 준비했어야 했는데······.
두꺼운 코트를 입었어야 했는데 얇게 입어서 춥네요.   어제 술을 많이 마시지 말았어야 했는데 너무 많이 마셨어요.

새 단어 New Vocabulary   깜박 slip of the mind

핵심 표현 Key Expression ❷ | V-자고 하다

 Track 38

A 이 영화 봤지요? 재미있었어요?
B 친구가 보자고 해서 봤는데 별로 재미없었어요.

A: You saw this movie, didn't you? Was it good?
B: My friend told me to watch it with him/her, but it wasn't very good.

 보기 와 같이 이야기해 보세요.
Create dialogues as shown in the example.

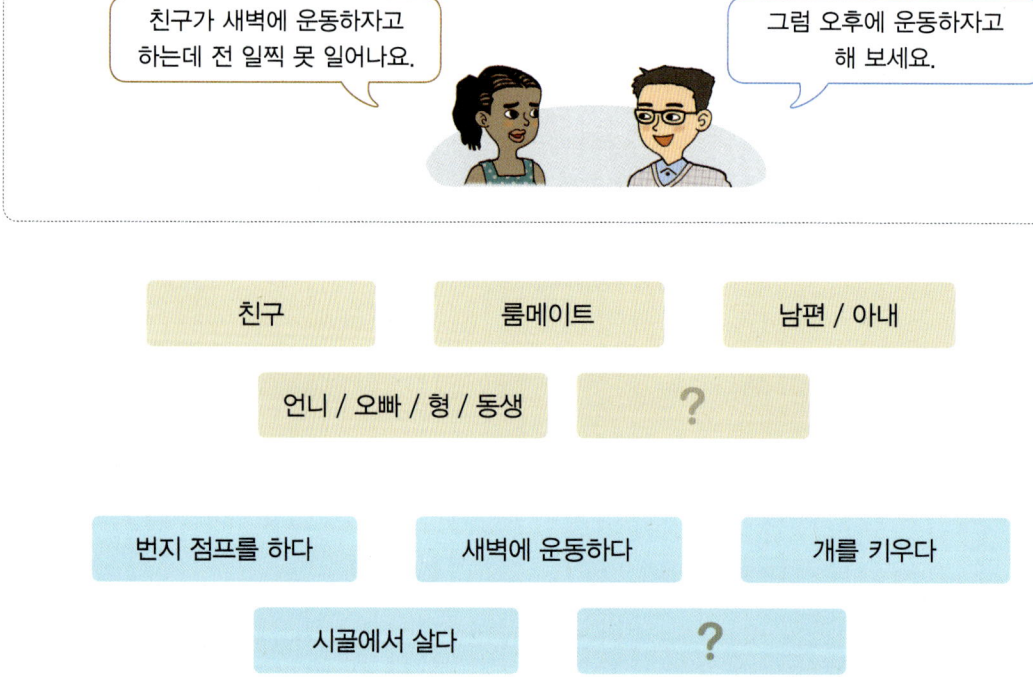

보기
친구가 새벽에 운동하자고 하는데 전 일찍 못 일어나요.
그럼 오후에 운동하자고 해 보세요.

| 친구 | 룸메이트 | 남편 / 아내 |
| 언니 / 오빠 / 형 / 동생 | ? | |

| 번지 점프를 하다 | 새벽에 운동하다 | 개를 키우다 |
| 시골에서 살다 | ? | |

🔍 V-자고 하다

'-자고 하다' is used to pass on to another person a suggestion that was made to do something together.

언니가 주말에 같이 테니스를 치자고 했어요. | 친구가 점심에 같이 김밥을 먹자고 했어요.

새 단어
New Vocabulary

새벽 dawn   키우다 to raise

말하기 Speaking

투이   미아 씨, 무슨 일 있어요? 기분이 안 좋은 것 같아요.
미아   친구가 방학에 인턴 프로그램에 참가하자고 해서 함께 지원했는데 저만 떨어졌어요.
투이   왜요?
미아   아마 한국어능력시험 성적이 없어서 그런 것 같아요.
       친구가 전에 함께 한국어능력시험을 보자고 했을 때 봤어야 했는데…….
투이   좋은 기회를 놓쳐서 아쉽겠어요.
미아   네, 아쉽지만 어쩔 수 없지요.

친구와 이야기해 보세요. Create conversations using the following words with your partner.

1) 인턴 프로그램에 참가하다
   한국어능력시험 성적
   한국어능력시험을 보다

2) 가이드 아르바이트를 하다
   가이드 자격증
   가이드 자격증을 따다

3) 유치원에서 영어를 가르치다
   취업 비자
   취업 비자를 신청하다

새 단어 New Vocabulary 인턴 intern   성적 grade   어쩔 수 없다 to be unavoidable   가이드 guide   유치원 kindergarten   비자 visa

듣기 Listening

1. 다음 중 가방에 넣지 **않은** 것은 무엇입니까? 잘 듣고 고르세요.
Which of the following things was **not** put in the bag? Listen to the conversation and choose the correct answer.

①    ② 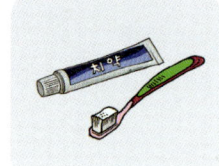   ③

2. 잘 듣고 질문에 답하세요. Listen to the conversation and answer the questions.

1) 두 사람은 지금 어디에 있습니까? Where are the two people now?

① 버스   ② 커피숍   ③ 분실물 센터

2) 대화의 내용과 **다른** 것을 고르세요. Choose the statement that is **different** from the contents of the conversation.

① 여자와 남자는 12번 버스 종점에 갈 것이다.
② 여자는 집에서 휴대폰을 가지고 오지 않았다.
③ 여자의 휴대폰이 무음이라서 전화 받는 사람이 없을 것이다.

3. 잘 듣고 질문에 답하세요. Listen to the conversation and answer the questions.

1) 누구에게 물었습니까? Who was asked the question?

① 대학교 신입생   ② 대학교 졸업생   ③ 대학교 4학년 학생

2) 사람들이 후회하는 것은 무엇입니까? 모두 고르세요. What did the people regret. Choose all that apply.

☐ 전공을 잘 골랐어야 했는데…….
☐ 이성 친구를 사귀지 말았어야 했는데…….
☐ 선배들의 이야기를 잘 들었어야 했는데…….
☐ 외국어 공부를 열심히 했어야 했는데…….
☐ 여행을 다녔어야 했어야 했는데…….

새 단어 New Vocabulary 분실물 센터 lost and found center   종점 last stop   무음 silence   이성 친구 friend of the opposite sex

과제 Tasks and Activities

친구들과 함께 휴일 계획을 세우고 다른 친구들에게 이야기해 주세요.
Make plans for a holiday with your partners and tell your plans to other classmates.

1. **친구들과 휴일 계획을 세워 보세요.** Make plans for a holiday with your partners.

시간	계획		시간	계획
10:00			10:00	
10:30			10:30	
11:00			11:00	
11:30			11:30	
12:00			12:00	
12:30			12:30	
1:00	점심(비빔밥)		1:00	
1:30			1:30	
2:00	영화 (아저씨)		2:00	
2:30			2:30	
3:00			3:00	
3:30			3:30	
4:00			4:00	
4:30			4:30	
5:00			5:00	
5:30			5:30	

- 우리 1시에 만나서 점심부터 먹자. 햄버거 어때?
- 난 햄버거 별로 안 좋아하는데.
- 그럼 비빔밥 먹자. 밥 먹고 영화도 볼까? ……

2. **어떤 계획을 세웠는지 반 친구들에게 이야기해 주세요.** Tell your classmates what kind of plans you made.

에바 씨가 점심에 햄버거를 먹자고 했는데 제가 햄버거를 별로 안 좋아한다고 했어요. 그래서 다쿠야 씨가 비빔밥을 먹자고 했어요. ……

4 후회 Regret

2과 아무리 후회해도 소용없어요
No matter how much you regret it, it's useless

- 강조하기 2 / Emphasizing 2
- 이유 설명하기 2 / Explaining reasons 2

어휘 Vocabulary

과식(하다) (to) overeat   과음(하다) (to) overdrink   과로(하다) (to) overwork
챙기다 to take, pack   분실하다 to lose something   소용없다 to be useless

핵심 표현 Key Expression ❶ | 아무리 A/V – 아도/어도

Track 43

A 화가 나서 남자 친구한테 헤어지자고 했어요.
B 아무리 화가 나도 그렇게 말하면 안 돼요.

A: I got angry and told my boyfriend that I wanted to break up.
B: No matter how upset you get, you shouldn't say that.

 보기 와 같이 이야기해 보세요.
Create dialogues as shown in the example.

보기

제일 좋아하는 음식이 뭐예요?

피자요. 피자는 아무리 먹어도 또 먹고 싶어요.

| 좋아하는 음식 | 좋아하는 영화 | 좋아하는 친구 |
| 꼭 해야 하는 일 | 꼭 하고 싶은 일 | ? |

🔍 **아무리 A/V – 아도/어도**

'아무리' is used to indicate the degree of severity. It is used in conjunction with '–아도/어도' to indicate that the following situation or action occurs even though the previous situation or degree of behavior is severe.

아무리 추워도 운동할 거예요.　　　│　아무리 먹어도 배가 안 불러요.

새 단어 / New Vocabulary　　헤어지다 to separate

핵심 표현 Key Expression ❷ | A/V-잖아요

Track 44

A 시험공부를 못 했어요. 어떡하죠?
B 아직 시간이 있잖아요. 너무 걱정하지 마세요.

A: I couldn't study for the test. What should I do?
B: You still have time. Don't worry too much about it.

 보기 와 같이 이야기해 보세요.
Create dialogues as shown in the example.

보기

 기욤 씨는 왜 그 가수를 좋아해요?

 노래를 잘하잖아요.

학생 식당에 자주 가요? 왜요?

오늘 왜 그렇게 옷을 두껍게/얇게 입었어요?

○○ 씨가 한국말을 아주 잘하네요.

○○ 씨가 반지를 끼고 있네요.

?

A/V-잖아요

'-잖아요' is used to identify what the listener or other people already know, or to remind the other person of something that they can't recall well.

A: 그 옷 예쁜데 왜 안 사요?
B: 너무 비싸잖아요.

A: 우리 같이 삼겹살 먹으러 갈까요?
B: 라샨 씨는 고기를 안 먹잖아요. 다른 거 먹어요.

새 단어 / New Vocabulary: 반지 ring

말하기 Speaking

지우   오랜만에 공원에 오니까 좋다!
로렌   이제 괜찮아? 아까 머리 아프다고 했잖아.
지우   응. 몸이 좀 안 좋았는데 쉬니까 괜찮은 것 같아.
로렌   아무리 일이 많아도 가끔은 쉬어야 돼. 그동안 계속 과로했잖아.
지우   맞아. 건강을 잃고 나서 아무리 후회해도 소용없지.
로렌   우리 음료수 좀 마실까?
지우   좋아. 그런데 나올 때 지갑을 안 챙겼어.
로렌   괜찮아. 내가 살게.

친구와 이야기해 보세요. Create conversations using the following words with your partner.

1) 머리 아프다 / 일이 많다 / 가끔은 쉬다 / 과로하다 / 안 챙기다

2) 속이 안 좋다 / 회식이 자주 있다 / 술은 조금만 마시다 / 과음하다 / 안 가져오다

3) 감기 기운이 있다 / 바쁘다 / 건강에 신경 쓰다 / 늦게 퇴근하다 / 두고 오다

새 단어 New Vocabulary   감기 기운 a slight cold   신경을 쓰다 to concern oneself with something

듣기 Listening

1. 잘 듣고 질문에 맞는 것을 고르세요. Listen to the conversation and choose the correct answer.

1) 남자가 KTX를 타고 싶어 하는 이유는 무엇입니까? Why does the man want to ride the KTX?
   - ☐ 요금이 싸서
   - ☐ 버스보다 빨라서

2) 집세가 비싼 이유는 무엇입니까? Why is rent expensive?
   - ☐ 방이 넓기 때문에
   - ☐ 교통이 편리하기 때문에

3) 남자가 도서관에 가는 이유는 무엇입니까? Why is the man going to the library?
   - ☐ 책을 읽으려고
   - ☐ 시험공부를 하려고

2. 잘 듣고 질문에 답하세요. Listen to the conversation and answer the questions.

1) 여자는 어디에서 지갑을 잃어버렸습니까? Where did the woman lose her wallet?
   - ① 화장실　　② 커피숍　　③ 옷가게

2) 맞는 것을 고르세요. Choose the correct statement.
   - ① 남자는 여자의 지갑을 찾으러 커피숍에 갔다.
   - ② 두 사람은 같이 안내 데스크에 가 볼 것이다.
   - ③ 2층 안내 데스크에서 빨간색 지갑을 보관하고 있다.

3. 잘 듣고 질문에 답하세요. Listen to the conversation and answer the questions.

1) 두 사람은 무슨 관계입니까? What type of relationship do the two people have?
   - ① 오빠 - 동생　　② 언니 - 동생　　③ 아버지 - 딸

2) **맞지 않는** 것을 고르세요. Choose the **incorrect** statement.
   - ① 여자는 옷 때문에 동생과 다퉜다.
   - ② 여자는 동생의 행동을 이해할 수 없다.
   - ③ 여자는 동생에게 자신의 생각을 말한 적이 없다.

정답 | 1. 1) ☑ 버스보다 빨라서 2) ☑ 교통이 편리하기 때문에 3) ☑ 시험공부를 하려고　2. 1) ① 2) ②　3. 1) ② 2) ③

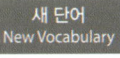
집세 house rent　　안내 데스크 information desk　　보관하다 to store　　다투다 to argue

과제 Tasks and Activities

 퀴즈를 만들어 보세요. Create a quiz.

1. 아래 단어와 '아무리 –아/어도'를 사용해서 퀴즈를 만드세요.
Using the words below along with '아무리 –아/어도', create a quiz.

비싸다	맛있다	마시다	보다
춥다	힘들다	듣다	좋아하다
바쁘다	어렵다	하다	……

예) 이거는 비싸요. 하지만 이것이 없으면 많이 불편해요. 그래서 아무리 비싸도 사야 돼요.

예) 저는 매일 이것을 마셔요. 이것은 아무리 많이 마셔도 살이 안 쪄요. 그리고 건강에도 좋아요.

2. 반 친구들에게 자신이 만든 퀴즈를 내 보세요. Quiz your classmates using the questions that you created.

3. 정답을 맞힌 후 문제를 낸 사람에게 그 이유를 물어보세요.
After answering the question correctly, ask the person who gave the description why they think so.

새 단어 New Vocabulary 정답 correct answer

읽고 쓰기 Reading and Writing

1. 다음을 읽고 질문에 답하세요. Read the following passage and answer the questions.

이제 한 달 후면 고향으로 돌아가야 한다. 한국을 떠날 생각을 하니까 아쉬운 일이 많다. 그동안 나는 친구들과 자주 어울리지 못했다. 친구들이 저녁 식사를 같이 하자고 하거나 여행을 가자고 하면 귀찮아서 가지 않았다. 그때는 내가 왜 그랬을까? 친구들과 친하게 지냈어야 했는데…….

그리고 아르바이트를 해 보지 않은 것도 조금 아쉽다. 나는 아르바이트보다 학교 공부가 중요하다고 생각해서 성적에만 신경을 썼다. 하지만 친구들은 아르바이트 경험이 한국어 공부에도 도움이 많이 되었다고 했다. 나도 아르바이트를 하면서 말하기 연습도 했어야 했는데…….

하지만 이제는 아무리 후회해도 소용없다. 남은 시간이 길지 않지만 기회가 생기면 망설이지 않고 여러 가지 일에 도전해 보고 싶다.

1) 글쓴이가 후회하는 것은 무엇입니까? **모두** 고르세요.
   What does the writer regret? Choose **all** that apply.

   ① 아르바이트를 하지 않았다.
   ② 공부를 열심히 하지 않았다.
   ③ 친구들과 잘 지내지 않았다.

2) 맞는 것을 고르세요. Choose the correct statement.

   ① 이 사람은 한 달 후에 한국을 떠날 것이다.
   ② 이 사람은 친구들과 한국에서 자주 여행을 했다.
   ③ 이 사람은 아르바이트하면서 한국 사람과 말하기 연습을 했다.

2. 여러분은 한국 생활에서 후회하는 것이 있습니까? 써 보세요.
Do you have any regrets about living in Korea? Write about them.

정답 | 1. 1) ①, ③ 2) ①

새 단어 New Vocabulary 어울리다 to get along   귀찮다 to be troublesome, annoyed   도전하다 to challenge

대화 Conversation

1과 일찍 출발했어야 했는데
I should've left early

Thuy	Mia, what's wrong? You seem down.
Mia	Because my friend asked me to apply for a summer internship together, but my friend was chosen and I wasn't.
Thuy	Why?
Mia	Maybe because I don't have a TOPIK score, so that's probably why. I should've taken the TOPIK when my friend told me to take it with him/her before.
Thuy	That's too bad that you missed a good opportunity.
Mia	Yes. It's too bad, but I can't do anything about it now.

2과 아무리 후회해도 소용없어요
No matter how much you regret it, it's useless

Jiwoo	It's good to be in the park after a long time!
Lauren	Are you all right now? Earlier, you said that your head hurt.
Jiwoo	Yeah. I felt a bit sick, but since I rested up, I feel better.
Lauren	No matter how much work you have, sometimes you have to rest. You've overworked yourself.
Jiwoo	You're right. It's no use regretting after losing one's health.
Lauren	Shall we get something to drink?
Jiwoo	Sure. But, I didn't grab my wallet on the way out.
Lauren	It's okay. I'll pay for it.

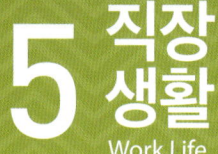

5 직장 생활 Work Life

1과 집에서 가까워서 다니기가 편해요
It's easy to get to work since it's close to home

- 평가하기 Evaluating
- 의도 표현하기 Expressing intent

어휘 Vocabulary

- 보고해요
- 승진했어요
- 축 승진
- 보고서를 제출해요
- 부장○○○

성실하다 to be diligent sincere
책임감이 강하다 to have a strong sense of responsibility
대인 관계가 원만하다 to have a good personal relationship

제출하다 to submit
보고하다 to report
승진하다 to promote

핵심 표현 Key Expression ❶ | V-기(가) A

Track 49

A 이번에 새로 옮긴 회사 어때요?
B 집에서 가까워서 다니기가 편해요.

A: How's your new job?
B: It's easy to get to work since it's close to home.

 보기 와 같이 이야기해 보세요.
Create dialogues as shown in the example.

🔍 V-기(가) A

'-기(가)' is linked to an adjective that follows it and is used to evaluate/assess the act that precedes it.
노트북이 가벼워서 들고 다니기가 편해요. | 소리가 너무 작아서 듣기 힘들어요.

새 단어
New Vocabulary 옮기다 to move

5-1. 집에서 가까워서 다니기가 편해요 73

핵심 표현 Key Expression ❷ | V-(으)ㄹ까 하다

Track 50

A 부장님, 승진 축하드립니다.
B 고맙습니다. 제가 오늘 저녁을 살까 하는데 시간 되세요?

A: Sir, congratulations on your promotion.
B: Thank you. I'm thinking of buying dinner tonight. Are you free?

보기 와 같이 이야기해 보세요.
Create dialogues as shown in the example.

보기

이번 주말에 뭐 할 거예요? — 극장에서 영화를 볼까 해요.

| 이번 주말에 뭐 할 거예요? | 휴가 때 뭐 하고 싶어요? | 저녁에 뭐 먹을 거예요? |
| 친구가 한국에 오면 같이 뭐 할 거예요? | 수업 끝나고 뭐 할 거예요? | ? |

🔍 V-(으)ㄹ까 하다

'-(으)ㄹ까 하다' indicates that there is an intention or an idea to do something.

날씨가 추워져서 코트를 한 벌 살까 해요. | 저녁에 비빔밥을 먹을까 해요.

74 5. 직장 생활

말하기 Speaking

케빈	회사 다니기 어때?
다쿠야	한국어로 보고하는 게 익숙하지 않아서 조금 힘들지만 일은 재미있어.
케빈	회사 분위기는 마음에 들어?
다쿠야	응. 선배들이 친절해서 일 배우기 좋아.
케빈	잘됐다. 넌 성실하니까 잘할 거야.
다쿠야	내가 월급 받으면 한턱낼게.
케빈	그래. 참, 토요일에 등산 갈까 하는데 같이 가자.
다쿠야	좋지. 시간하고 장소 정해서 말해 줘.

친구와 이야기해 보세요. Create conversations using the following words with your partner.

1) 한국어로 보고하다 / 일 배우다 / 좋다 / 성실하다 / 등산 가다

2) 한국어로 서류를 만들다 / 함께 일하다 / 재미있다 / 책임감이 강하다 / 영화 보다

3) 한국어로 보고서를 쓰다 / 회사 다니다 / 편하다 / 대인 관계가 원만하다 / 야구장에 가다

 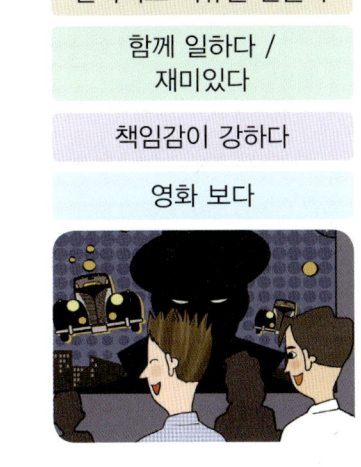 

새 단어 New Vocabulary 월급 monthly pay   한턱내다 to treat

듣기 | Listening

1. 잘 듣고 맞으면 ○, 틀리면 × 하세요.
Listen to the conversation and if the statement is true, write ○. If not, then write ×.

Track 52

1) 우빈이는 선생님 때문에 유치원에 가기 싫어한다. (　　)
2) 우빈이는 대인 관계가 원만해서 인기가 많다. (　　)
3) 엄마는 우빈이의 친구들을 집에 초대하려고 한다. (　　)

2. 잘 듣고 질문에 답하세요.
Listen to the conversation and answer the questions.

Track 53

1) 남자가 새로 이사한 집에 대한 설명이 **아닌** 것을 고르세요.
What is **not** part of the explanation of the new house that the man moved into?

① 방이 넓다　　② 회사에서 가깝다　　③ 근처에 공원이 있다

2) 맞는 것을 고르세요. Choose the correct statement.
① 남자는 집이 마음에 안 든다.
② 남자는 여자를 집들이에 초대했다.
③ 여자는 이번 주 토요일에 쇼핑할 것이다.

3. 잘 듣고 질문에 답하세요.
Listen to the conversation and answer the questions.

Track 54

1) 무엇을 하고 있습니까? What are they doing?

2) **맞지 않는** 것을 고르세요. Choose the **incorrect** statement.
① 남자는 일본으로 출장을 갔다 왔다.
② 여자는 내일까지 보고서를 써서 내려고 한다.
③ 일본 회사는 남자가 다니는 회사의 스피커에 관심이 있다.

| 새 단어 New Vocabulary | 싫어하다 to hate　스피커 speaker |

정답 | 1. 1) (×) 2) (×) 3) (○)　2. 1) ① 2) ②　3. 1) ② 2) ②

과제 Tasks and Activities

 한국 생활에 대해 친구와 이야기해 보세요.
Talk about Korean life with your partner.

1. 한국 생활의 좋은 점과 불편한 점을 정리해 보세요.
Organize the good points and the inconveniences of Korean life.

집 · 교통 · 음식 · 학교생활 · 생활비 · ?

	좋은 점	불편한 점
집	학교에서 가깝다.	근처에 식당이 별로 없다.
교통	지하철에서 와이파이가 잘 된다.	출퇴근 시간에 복잡하다.
음식		
학교생활		
생활비		

2. 친구와 함께 한국 생활에 대해서 이야기해 보세요.
Talk with your partner about Korean life.

우리 집은 학교에서 가까워서 다니기 편한데 근처에 식당이 별로 없어서 밥 먹기 불편해요.

한국 지하철은 와이파이가 잘돼서 휴대폰 사용하기가 편해요. 그런데 출퇴근 시간에 복잡해서 지하철 타기가 힘들어요.

새 단어 New Vocabulary　와이파이 Wi-Fi

5. 직장 생활 Work Life

2과 많이 피곤해 보이네요
You look very tired

- 걱정하기 Worrying
- 이유 설명하기 3 Explaining reasons 3

어휘 Vocabulary

무리하다 to overwork   야근하다 to work overtime at night   휴가를 내다 to take a vacation day
휴직하다 to take a leave of absence   퇴직하다 to retire

핵심 표현 Key Expression ❶ | A – 아/어 보이다

Track 55

A 많이 피곤해 보이네요.
B 네. 요즘 일이 많아서 계속 야근했어요.

A: You look really tired.
B: Yes, I am. These days I continue to work late because I have so much work.

 다음 단어를 사용해서 보기 와 같이 이야기해 보세요.
Create dialogues using the following words as shown in the example.

| 싸다 | 비싸다 | 편하다 | 불편하다 | 맵다 | 맛있다 |
| 날씬하다 | 뚱뚱하다 | 무섭다 | 재미있다 |

보기

이 영화를 볼까요?  이건 무서워 보여요. 저 영화가 재미있어 보이는데 저거 봐요.

1)    2)

3)    4)

🔍 A – 아/어 보이다

'–아/어 보이다' is used to estimate or judge what an object is like.

기분이 좋아 보여요. | 가방이 무거워 보이는데 도와줄까요?

새 단어 New Vocabulary 날씬하다 to be slim   뚱뚱하다 to be fat

핵심 표현 Key Expression ❷ | V-느라고

Track 56

A 아까는 회의하느라고 전화를 못 받았습니다. 죄송합니다.
B 괜찮습니다.

A: I couldn't answer the phone because I was in a meeting. I'm sorry.
B: It's all right.

 보기 와 같이 이야기해 보세요.
Create dialogues as shown in the example.

보기

 왜 이렇게 피곤해 보여요?
 어제 일하느라고 못 잤어요.

| 왜 이렇게 피곤해 보여요? | 요즘 왜 그렇게 바빠요? | 점심 먹었어요? |

| 왜 야근했어요? | 친구들을 자주 만나요? | 오늘 운동했어요? |

1)
2)
3)
4)
5)

🔍 V-느라고

'-느라고' is mainly used to indicate the reason or cause for something not being done or a negative result occurring.

회의 준비를 하느라고 잠을 못 잤어요. | 지금 음식을 만드느라고 바빠요.

말하기 Speaking

다쿠야 지우 씨, 요즘 보고서 쓰느라고 힘들지요?
지우   네. 좀 힘드네요.
다쿠야 많이 피곤해 보이는데 무리하지 마세요.
지우   저도 그러고 싶은데 해야 할 일은 많고 시간은 부족해서 쉴 수가 없어요.
다쿠야 혹시 제가 도와줄 일이 있으면 얘기하세요.
지우   다쿠야 씨도 요즘 출장이 많아서 바쁘잖아요. 나중에 일이 마무리되면 같이 스트레스 풀러 가요.

💬 **친구와 이야기해 보세요.** Create conversations using the following words with your partner.

1) 보고서 쓰다 / 많이 피곤하다 / 출장이 많다
2) 행사 준비 하다 / 얼굴이 안 좋다 / 중요한 일을 맡다
3) 야근하다 / 많이 지치다 / 회의를 자주 하다
4) 출장 다니다 / 기운이 없다 / 새 프로젝트를 시작하다

새 단어 New Vocabulary
부족하다 to be insufficient   마무리되다 to be finished, completed   행사 event   맡다 to be in charge
지치다 to be exhausted   프로젝트 project

듣기 Listening

1. 점심을 못 먹은 이유는 무엇입니까? 잘 듣고 맞는 것을 연결하세요.
What is the reason why the person couldn't eat lunch? Listen to the conversation and connect the name of the person to the correct reason.

Track 58

1) 아딜라   2) 양양   3) 케빈

①   ②   ③   ④

2. 잘 듣고 맞으면 ○, 틀리면 × 하세요.
Listen to the conversation and if the statement is true, write ○. If not, then write ×.

Track 59

1) 남자는 준비한 공연이 잘 끝나서 기분이 좋다. ( )
2) 여자는 공연장에 가서 남자의 공연을 즐겁게 봤다. ( )
3) 여자는 발표 준비 때문에 힘들어서 어제부터 계속 몸이 안 좋다. ( )

3. 잘 듣고 질문에 답하세요.
Listen to the conversation and answer the questions.

Track 60

1) 두 사람은 무엇을 하고 있습니까? What are the two people doing?

2) 맞는 것을 고르세요. Choose the correct statement.
① 남자는 여자처럼 기자가 되고 싶어 한다.
② 여자는 기자가 된 것을 후회하지 않는다.
③ 여자는 텔레비전 프로그램 '사람 극장'을 가끔 본다.

정답 | 1. 1) ③ 2) ① 3) ④ 2. 1) (○) 2) (×) 3) (×) 3. 1) ② 2) ②

과제 Tasks and Activities

 말판 놀이를 해 보세요. Play a board game.

1. 두 명씩 짝을 지은 후 소지품 중에서 말을 정하고 출발 위에 올려놓으세요.
Pair up and choose one of the pieces for you. Place it on the starting point.

2. 짝과 가위바위보를 해서 이긴 사람은 앞으로 한 칸 이동하세요. 그리고 질문에 답하세요. 질문에 답을 못하면 제자리로 돌아가세요.
Play rock-paper-scissors and the winner moves one space forward. Then, answer the question. If you can't answer the question, go back to your previous space.

출발 → 언제 휴가를 내고 떠나고 싶어요? → 요즘 바쁘지요? 뭐 하느라고 바빠요? → 여자/남자 친구가 언제 제일 예뻐/멋있어 보여요? → 한 번 쉬세요!

밤을 새워 본 적이 있어요? 뭐 하느라고 밤을 새웠어요? → 좋아 보여서 샀는데 사고 나서 후회한 적 있어요? 왜 후회했어요? → 월급은 많지만 야근을 자주 해야 하는 회사가 있어요. 이 회사에 다닐 거예요?

휴직을 할 수 있으면 얼마 동안 하고 싶어요? 그동안 뭐 할 거예요? → 한 번 쉬세요! → 무서워 보이는 표정을 보여주세요. → 전화 소리를 못 들은 적이 있어요? 뭐 하느라고 못 들었어요?

도착 → 나중에 퇴직한 후에 뭘 하고 싶어요?

3. 먼저 도착하는 사람이 이겨요. The one who finishes first wins.

새 단어 / New Vocabulary: 밤을 새우다 to stay up all night   표정 facial expression

읽고 쓰기 | Reading and Writing

1. 다음을 읽고 질문에 답하세요.
Read the following book introduction and answer the questions.

책 소개

행복한 직장 생활
저자 김현정 가격 13,000원 ★★★★★ 10.0 [장바구니] [♥좋아요]

대부분의 직장인들은 많은 시간을 회사에서 보낸다. 집보다 회사에서 보내는 시간이 더 많은 경우도 있다. 직장 생활이 즐겁지 않은데 삶이 행복할 수 있을까? 회사를 그만둘까 하는 생각을 하고 있는 당신에게 이 책을 추천한다.

[제1부] 성실함은 기본
지각을 자주 하거나 보고서를 마감일까지 내지 못하는 동료를 믿고 일하기는 힘들다. 그리고 그런 사람들과는 즐겁게 일할 수 없다. 자신이 맡은 일을 열심히 하는 것이 바로 행복한 직장 생활의 첫걸음이다.

[제2부] [   ]
능력이 아무리 뛰어나도 모든 일을 혼자 할 수는 없다. 사람들과 어울려 즐겁게 일할 줄 알아야 한다. 동료들은 물론 직장 상사와도 원만한 대인 관계를 유지하는 것이 좋다.

[제3부] 휴가를 떠나자
일하면서 스트레스를 받는 것은 어쩔 수 없는 일이다. 따라서 스트레스는 잘 푸는 것이 중요하다. 일하느라고 지친 몸과 마음이 쉴 수 있는 시간이 필요하다. 휴가를 내고 떠나자. 그리고 회사 일은 잠시 잊어버리자.

1) [   ]에 알맞은 것을 고르세요. Fill in the [   ] with the correct section title.
   ① 상사에게 인정받는 법   ② 직장은 함께 일하는 곳   ③ 직장에서 필요한 능력 기르기

2) **맞지 않는** 것을 고르세요. Choose the **incorrect** statement.
   ① 휴가를 가면 회사 일은 잊어버리는 것이 좋다.
   ② 이 책은 직장 생활 때문에 힘든 사람들이 읽으면 좋다.
   ③ 직장 생활에서는 모든 일을 혼자 할 수 있는 능력이 필요하다.

2. 어떻게 하면 행복한 학교생활을 할 수 있을까요? 방법을 써 보세요.
How can you live a happy school life? Write down some ways.

활동지 ➡ p. 145

새 단어 / New Vocabulary
행복하다 to be happy   대부분 most   경우 case   그만두다 to quit   기본 basic
마감일 deadline   첫걸음 initial step   뛰어나다 to be excellent   상사 boss, superior
인정받다 to be credited, recognized   기르다 to develop

정답 | 1. 1) ② 2) ③

대화 Conversation

1과 집에서 가까워서 다니기가 편해요
It's easy to get to work since it's close to home

Kevin	How's your job?
Takuya	It's a little hard because I'm not used to reporting in Korean, but work is fun.
Kevin	Do you like the work environment?
Takuya	Yeah. I like learning because my superiors are kind.
Kevin	That's good. You'll do well because you're diligent.
Takuya	I'll take you out when I get paid. .
Kevin	Okay. Hey, I was thinking about going hiking on Saturday. Let's go together.
Takuya	Sounds good. Let me know when you decide the time and place.

2과 많이 피곤해 보이네요
You look very tired

Takuya	Jiwoo, you're having a hard time these days because you have to write reports, aren't you?
Jiwoo	Yes. I'm having a bit of a hard time.
Takuya	You look really tired. Don't overwork yourself.
Jiwoo	I would also like to take it easy, but I can't rest because I have so much to do and not enough time.
Takuya	If you have anything I can help you with, please tell me.
Jiwoo	You're also busy these days because of business trips though. Later, let's go out to relieve our stress together after when work is done.

6 사고 Accident

1과 학교 앞에서 교통사고가 났대요
I heard that there was a traffic accident in front of the school

- 정보 전달하기 6 (축약형)
  Passing on information 6 (Abbreviation)
- 부정적인 상황의 원인 묻고 답하기
  Asking and answering the causes of negative situations

어휘 Vocabulary

- 나무에 부딪혔어요
- 신호를 안 지켜요
- 사고가 났어요
- 안전벨트를 맸어요

(교통)사고가 나다 for an accident to occur　　(교통)사고를 당하다 to get in an accident
부딪히다 to bump　　신호를 지키다 to obey a traffic signal　　안전벨트를 매다 to put on a seat belt

핵심 표현 Key Expression ❶ | A-대요, V-ㄴ대요/는대요

A 친구한테 들었는데 학교 앞에서 사고가 났대요.
B 그래요? 다친 사람은 없대요?

A: I heard from a friend that there was an accident in front of the school.
B: Really? Did they say if anyone got hurt?

 보기와 같이 이야기해 보세요.
Create dialogues as shown in the example.

보기

배우 민지가 교통사고를 당했대요.

1)

2)

3)

4)

A-대요, V-ㄴ대요/는대요

'-대요, -ㄴ대요/는대요' are abbreviations of '-다고 해요, -ㄴ다고/는다고 해요' and are used to convey information heard or learned through other people or media. Use '-았대요/었대요' when conveying information that occurred in the past.

팅팅 씨는 한국 친구가 많대요. | 민준 씨는 어렸을 때 부산에 살았대요.

새 단어 New Vocabulary 촬영 filming   공사 construction   접다 to fold   나오다 to come out   내리다 to fall

6-1. 학교 앞에서 교통사고가 났대요 **87**

핵심 표현 Key Expression ❷ | V-다가

Track 62

A 왜 병원에 갔어요?
B 길을 건너다가 차에 부딪혔어요.

A: Why did you go to the hospital?
B: When I was crossing the street, I got hit by a car.

 보기와 같이 이야기해 보세요.
Create dialogues as shown in the example.

보기

휴대폰을 보면서 걷다가 자전거에 부딪혔어요.

1)
이야기하다 / 버스를 놓치다

2)
차를 세우다 / 벽에 부딪히다

3)
친구와 놀다 / 싸우다

4)
옷을 고르다 / 약속 시간에 늦다

V-다가

'-다가' indicates that the previous action or condition is the cause or basis of the negative situation that follows.

운전하다가 택시와 부딪혔어요. | 창문을 닫다가 손을 다쳤어요.

새 단어 / New Vocabulary 차를 세우다 to stop a car

말하기 Speaking

Track 63

아딜라　양양 씨가 어제 학교에 오다가 교통사고를 당했대요.
민준　　네? 어떻게 하다가 사고를 당했대요?
아딜라　신호를 안 지키고 달려오는 차에 부딪혔대요.
민준　　많이 안 다쳤대요?
아딜라　자세히 모르겠지만 좀 다친 것 같아요.
민준　　그런데 그 차는 왜 신호를 안 지켰대요?
아딜라　통화하다가 신호가 바뀐 것을 못 봤대요.

친구와 이야기해 보세요. Create conversations using the following words with your partner.

1) 학교에 오다 / 차 / 통화하다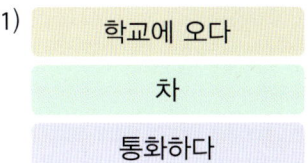

2) 친구를 만나러 가다 / 택시 / 졸다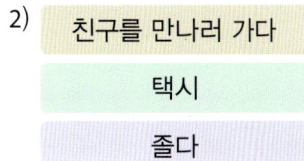

3) 횡단보도를 건너다 / 오토바이 / 문자를 확인하다

4) 마트에 갔다 오다 / 차 / 떨어뜨린 물건을 찾다

새 단어 New Vocabulary　달려오다 to come running　통화하다 to talk over a phone　떨어뜨리다 to drop

듣기 Listening

1. 잘 듣고 알맞은 그림을 연결하세요.
Listen to the conversations and connect the numbers to the correct pictures.

Track 64

1) •   2) •   3) •   4) •

①    ②    ③    ④

2. 잘 듣고 맞으면 ○, 틀리면 × 하세요.
Listen to the conversation and if the statement is true, write ○. If not, then write ×.

Track 65

1) 다쿠야는 교통사고 때문에 오늘 학교에 못 온다.   ( )
2) 다쿠야는 안전벨트를 매지 않아서 많이 다쳤다.   ( )
3) 택시 운전기사가 신호를 지키지 않았다.   ( )

3. 잘 듣고 질문에 답하세요.
Listen to the conversation and answer the questions.

Track 66

1) 다음 중 여자가 본 뉴스는 어느 것입니까? Which of the following news article did the woman read?

① 이하늘 김미나 결혼 발표   ②    ③

2) 대화의 내용과 같은 것은 무엇입니까? Which statement is the same as the content from the conversation?

① 이하늘이 김미나에게 목걸이를 선물했다.
② 이하늘은 김미나의 할머니와 함께 식사를 했다.
③ 이하늘과 김미나는 같이 드라마에 나온 적이 있다.

| 새 단어 New Vocabulary | 운전기사 driver |

정답 | 1. 1) ① 2) ④ 3) ③ 4) ②   2. 1) (○) 2) (×) 3) (×)   3. 1) ③ 2) ③

과제 Tasks and Activities

짝을 인터뷰한 후 들은 내용을 다른 친구들에게 이야기해 주세요.
After interviewing your partner, tell your classmates what you heard.

1. 보기 와 같이 짝에게 질문한 후 간단히 메모해 보세요.
   After asking your partner questions, write down simple notes as shown in the example.

질문	네/아니요	어쩌다가?	그래서……?
사고를 당하다	네	자전거 타다가	다리를 다쳤다
숙제를 못 하다			
부모님께 혼나다			
친구와 싸우다			

2. 메모를 보면서 여러분이 들은 이야기를 친구들에게 말해 주세요.
   While referring to your notes, tell your classmates what you heard.

케빈 씨는 자전거를 타다가 나무에 부딪친 적이 있대요. 그래서 다리를 다쳐서 며칠 동안 못 걸었대요.

새 단어 New Vocabulary 혼나다 to be scolded

6 사고 Accident

2과 미아 씨가 많이 아픈 모양이에요
I guess Mia is very sick

- 추측하기
  Guessing
- 일의 진행 표현하기
  Expressing the progress of something

어휘 Vocabulary

- 미끄러졌어요
- 넘어졌어요
- 119에 신고해요
- 응급 처치를 해요
- 물에 빠졌어요

넘어지다 to fall, trip　　미끄러지다 to slip　　빠지다 to fall out　　신고하다 to report
응급 처치를 하다 to give first aid

핵심 표현 Key Expression ❶ | A-(으)ㄴ 모양이다, V-는 모양이다

Track 67

A 미아 씨가 계속 학교에 안 오네요.
B 네. 많이 아픈 모양이에요.

A: Mia keeps missing school.
B: Yes. I guess she is very sick.

 보기 와 같이 이야기해 보세요.
Create dialogues as shown in the example.

1) 양양 씨가 많이 늦네요.
2) 왜 이렇게 시끄럽지요?
3) 아기가 우네요.
4) 저 식당에는 항상 사람들이 많아요.
5) 사람들이 갑자기 뛰어가네요.

🔍 A-(으)ㄴ 모양이다, V-는 모양이다

'-(으)ㄴ/는 모양이다' is used to guess the situation that is taking place based on some grounds. For verbs, use '-(으)ㄴ 모양이다' when guessing what happened in the past.

지우 씨가 계속 자요. 많이 피곤한 모양이에요. | 민준 씨가 안 보이네요. 집에 간 모양이에요.

새 단어 New Vocabulary   뛰어가다 to run, dash

핵심 표현 Key Expression ❷ | V-는 중이다, N 중이다

A 어디에 가요?
B 집에 가는 중이에요.
A 저쪽으로 가지 마세요. 공사 중이라서 위험해요.

A: Where are you going?
B: I'm on my way home.
A: Don't go that way. There's construction going on, so it's dangerous.

 표지판을 완성하고 보기 와 같이 이야기해 보세요.
Complete the signs and create sentences as shown in the example.

보기

여기는 지금 공사하는 중이니까 저쪽으로 가세요.

1) _____ 사용하지 마세요.
2) _____ 들어가지 마세요.
3) _____ 조용히 하세요.
4) _____ 잠깐만 기다리세요.

🔍 V-는 중이다, N 중이다

'-는 중이다', '중이다' indicate that something is going on.
동생은 지금 자는 중이에요. | 지금은 수업 중이라서 전화를 받을 수 없습니다.

새 단어 New Vocabulary 위험하다 to be dangerous   들어가다 to enter, go in   조용히 quitely

말하기 Speaking

케빈 양양 씨가 오늘도 학교에 안 왔네요.
유카 네, 며칠 전 사고 때문에 지금 병원에 있대요.
케빈 많이 다친 모양이네요.
유카 네, 그래서 오늘 양양 씨한테 한번 가 볼까 해요.
케빈 저도 가 보고 싶어요. 같이 가요.
유카 그럼 5시쯤 만나서 같이 가요. 서울백화점 앞에서 기다릴게요.
케빈 지금 그 길은 공사 중이라서 복잡할 거예요. 버스 정류장에서 만나요.

💬 **친구와 이야기해 보세요.** Create conversations using the following words with your partner.

1) 지금 병원에 있다 / 많이 다치다 / 그 길은 공사 중이다 / 복잡하다

2) 좀 더 쉬어야 하다 / 많이 아프다 / 백화점 세일 중이다 / 사람이 많다

3) 잘 걸을 수가 없다 / 다리를 다치다 / 길거리 공연 중이다 / 시끄럽다

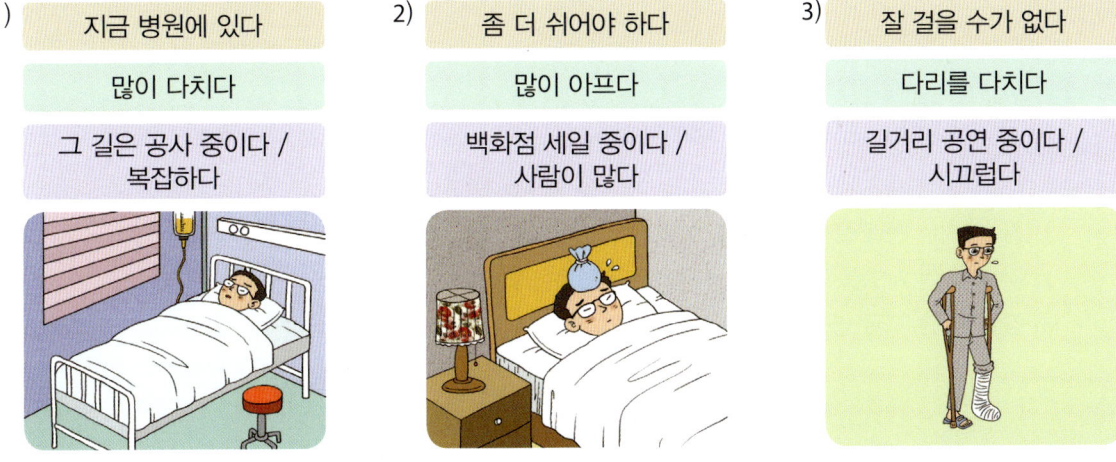

새 단어 New Vocabulary 버스 정류장 bus station

듣기 Listening

1. 잘 듣고 케빈이 지금 뭘 하고 있는지 고르세요.
Listen to the conversations and choose the thing that Kevin is doing now.

Track 70

1) ① 　② 　③

2) ① 　② 　③

2. 잘 듣고 질문에 답하세요.
Listen to the conversation and answer the questions.

Track 71

1) 왜 전화를 했습니까? Why did the boy call?
　① 친구와 같이 숙제하려고　② 친구랑 만날 약속을 하려고　③ 친구한테 모르는 것을 물어보려고

2) 맞는 것을 고르세요. Choose the correct statement.
　① 서진이는 숙제를 다 했다.
　② 서진이는 지금 샤워하고 있다.
　③ 서진이는 친구 전화를 기다릴 것이다.

3. 잘 듣고 맞으면 ○, 틀리면 × 하세요.
Listen to the conversation and if the statement is true, write ○. If not, then write ×.

Track 72

1) 김 모 씨는 산에 올라가다가 미끄러졌다. 　(　)
2) 김 모 씨는 사고를 당했을 때 등산객들의 도움을 받았다. 　(　)
3) 김 모 씨는 지금 병원에서 치료를 받고 있다. 　(　)

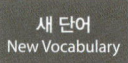
New Vocabulary
모 Mr., Mrs., Miss so-and-so
등산객 mountain climber　치료 treatment

정답 | 1. 1) ③ 2) ②　2. 1) ③ 2) ③　3. 1) (×) 2) (○) 3) (○)

과제 Tasks and Activities

 친구가 몸으로 표현하는 것을 알아맞혀 보세요.
Guess what your partner is expressing through body motions.

1. 두 팀으로 나눈 후 각 팀의 대표를 뽑으세요. 그리고 각 대표는 선생님께 카드를 받으세요.
Divide into two teams and select a representative for each team. Each representative receives cards from the teacher.

- 공부하다 / 어렵다
- 운동하다 / 힘들다
- 춤을 추다 / 즐겁다
- 자다 / 무서운 꿈을 꾸다
- 옷을 입어 보다 / 마음에 들다
- 친구와 이야기하다 / 재미있다
- 음식을 먹다 / 음식이 맵다
- 버스를 기다리다 / 버스가 안 오다

2. 각 팀의 대표는 카드의 내용을 몸과 표정으로 표현하세요. 팀원들은 그것을 보고 '-는 중이다'와 '-(으)ㄴ/는 모양이다'를 사용해서 문장을 만드세요.
The representatives of each team express the contents of the card with their body and facial expressions. The members of teams look at the actions and make sentences using '-는 중이다' and '-(으)ㄴ/는 모양이다'.

3. 받은 카드의 문장을 빨리 맞힌 팀이 이깁니다.
The team that makes correct sentences first wins the game.

읽고 쓰기 | Reading and Writing

1. 다음을 읽고 질문에 답하세요.
Read the following instructions and answer the questions.

지진이 났을 때는 이렇게 하세요!

 지진이 나서 건물이 흔들리면 책상 아래로 들어갑니다.

 흔들리지 않을 때 전기와 가스를 끄고 문을 엽니다.

 엘리베이터를 이용하다가 사고를 당할 수 있습니다. 밖으로 나갈 때는 계단을 이용합니다.

 건물 밖에서는 가방이나 손으로 머리를 보호하면서 걷습니다.

 공원이나 운동장처럼 넓은 장소로 갑니다.

 운전 중이면 차를 세우고 빨리 대피합니다.

1) 건물 안에 있을 때 지진이 나면 어떻게 해야 합니까?
What should you do if you're in a building during an earthquake?

① 제일 먼저 부엌으로 가서 가스를 끈다.
② 엘리베이터를 타고 빨리 건물 밖으로 나간다.
③ 흔들림이 멈출 때까지 책상 아래에서 기다린다.

2) 지진이 났을 때 건물 밖으로 나와서 어디로 가야 합니까?
When an earthquake occurs, you go outside and then where do you have to go?

_____

2. 불이 났을 때는 어떻게 해야 돼요? 써 보세요.
What should you do when there's a fire? Write down instructions.

활동지 ➔ p. 146

새 단어 New Vocabulary
지진이 나다 for an earthquake to occur   흔들리다 to be shaken
전기 electricity   가스 gas   보호하다 to protect   대피하다 to evacuate

대화 Conversation

1과 학교 앞에서 교통사고가 났대요
I heard that there was a traffic accident in front of the school

Adila	Kevin said that yesterday Yangyang got into a traffic accident when he was coming to school.
Minjun	What? How did he get into an accident?
Adila	He got hit by an oncoming car that didn't obey the traffic signal.
Minjun	Did he say he wasn't badly hurt?
Adila	I don't know exactly, but it seems like he is injured a little.
Minjun	By the way, why didn't the driver obey the traffic signal?
Adila	The driver was on the phone and didn't see the signal change.

2과 미아 씨가 많이 아픈 모양이에요
I guess Mia is very sick

Kevin	Yangyang didn't come to school again today.
Yuka	Yeah. He said that he's in the hospital now because he got into an accident a few days ago.
Kevin	He must be badly hurt.
Yuka	Yeah. So, I'm thinking of going to see him today.
Kevin	I want to go, too. Let's go together.
Yuka	All right. Let's meet at 5 p.m. and go together. I'll wait for you in front of Seoul Department Store.
Kevin	The road is under construction now, so it'll be jammed. Let's meet at the bus station.

7 문병
Visit a Sick Person

1과 오늘 문병 간다면서요?
I heard you're going to visit someone in a hospital?

- 들은 내용 확인하기
  Confirming contents that were heard
- 조건 설명하기
  Explaining conditions

어휘 Vocabulary

면회 시간 visiting hours   응급실 emergency room   입원하다 to be hospitalized
퇴원하다 to be discharged from the hospital
문병을 가다 to visit someone who is sick in the hospital

핵심 표현 Key Expression ❶ | A-다면서요, V-ㄴ다면서요/는다면서요?

A 오늘 양양 씨한테 문병 간다면서요?
B 네. 라샨 씨도 같이 문병 갈래요?

A: I heard you're going to visit Yangyang today in the hospital, right?
B: Yes. Would you like to go together?

그림을 보고 보기 와 같이 이야기해 보세요.
Create dialogues from the following pictures as shown in the example.

보기
춘천이 아름답다면서요?
네. 정말 아름다워요. 그래서 거기서 영화도 많이 찍어요.

1) 춘천
2) 부산
3) 제주도
4) 서울

🔍 A-다면서요, V-ㄴ다면서요/는다면서요?

'-다면서요, -ㄴ다면서요/는다면서요?' is used to confirm with someone by checking facts already known through various channels. Use '-았다면서요/었다면서요?' for the past tense.

인삼차가 건강에 좋다면서요?
방학 때 아르바이트하느라고 바빴다면서?

학원에서 중국어를 가르친다면서?
어제 지갑을 잃어버렸다면서요?

7-1. 오늘 문병 간다면서요? | 101

핵심 표현 Key Expression ❷ | V-(으)려면

Track 74

A 면회하려면 몇 시까지 가야 돼요?
B 면회 시간은 오후 6시부터 8시까지입니다.

A: If I want to visit someone in the hospital, what time do I have to be there by?
B: Visiting hours are from 6 p.m. to 8 p.m.

 보기 와 같이 이야기해 보세요.
Create dialogues as shown in the example.

보기

 한국 친구를 많이 사귀려면 어떻게 해야 돼요?

 동아리에 가입해 보세요.

| 한국 친구를 많이 사귀다 | 한국 생활에 빨리 적응하다 |

| 볶음밥을 맛있게 만들다 | 지하철에서 잃어버린 물건을 찾다 |

| 감기에 걸리지 않다 | ? |

🔍 V-(으)려면

'-(으)려면' is used to assume that there is a plan or intention to do something.

서울대학교에 가려면 3번 출구로 나가세요. | 시험에서 좋은 점수를 받으려면 어떻게 해야 돼요?

새 단어 / New Vocabulary   면회하다 to visit someone   볶음밥 fried rice

말하기 Speaking

케빈 양양 씨가 입원한 병원이 여기서 가깝지요?
유카 네. 별로 안 멀어요.
케빈 그럼 버스도 안 오고 길도 막히는데 걸어서 갈까요?
유카 네. 면회 시간에 안 늦으려면 그게 좋겠어요.
케빈 그런데 뭘 사 가면 좋을까요?
유카 양양 씨가 아직 음식을 못 먹는다면서요?
케빈 저도 그렇다고 들었어요.
유카 그럼 심심할 때 읽을 책을 사 가요.

친구와 이야기해 보세요. Create conversations using the following words with your partner.

1)
- 면회 시간에 안 늦다
- 아직 음식을 못 먹다
- 읽다 / 책

2)
- 6시까지 가다
- 과자를 좋아하다
- 먹다 / 과자

3)
- 6시 전에 도착하다
- 영화에 관심이 많다
- 보다 / 영화 잡지

새 단어 / New Vocabulary 잡지 magazine

듣기 | Listening

1. 다음 장소는 어디에 있습니까? 잘 듣고 연결하세요.
Where are the following places located? Listen to the conversation and connect the name of the place to the floor it's located on.

Track 76

1) 사무실 •

2) 슈퍼마켓 •

3) 응급실 •

4) 치과 •

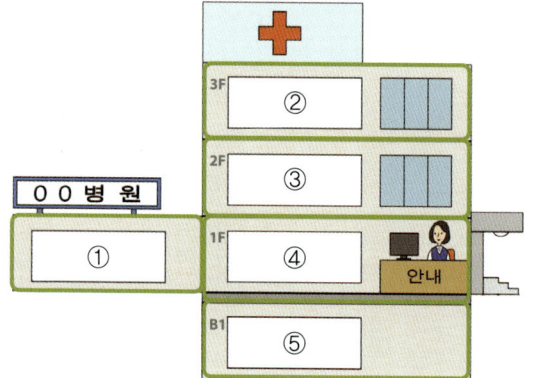

2. 잘 듣고 맞으면 ○, 틀리면 × 하세요.
Listen to the conversation and if the statement is true, write O. If not, then write X.

Track 77

1) 남자는 말하기 대회에서 1등을 했다. (   )
2) 여자는 한국어 듣기는 잘 못하지만 쓰기는 잘한다. (   )
3) 남자는 한국어로 글을 써 보는 것이 좋다고 생각한다. (   )

3. 잘 듣고 질문에 답하세요. Listen to the conversation and answer the questions.

Track 78

1) 남자는 무슨 운동선수입니까? What type of athlete is the man?

①  ②  ③

2) **맞지 않는** 것을 고르세요. Choose the **incorrect** statement.
   ① 남자는 더운 여름에도 훈련을 한다.
   ② 남자는 올림픽에 참가해서 메달을 땄다.
   ③ 남자는 훈련하다가 다쳐서 병원에 입원했다.

정답 | 1.1) ④ 2) ⑤ 3) ① 4) ③   2.1) (×) 2) (×) 3) (○)   3.1) ③ 2) ③

새 단어 / New Vocabulary: 치과 dental clinic   등 place, rank   훈련하다 to train   올림픽 olympic   메달 medal

과제 Tasks and Activities

요즘 어떤 고민이 있어요? 고민을 쓰고 친구들과 함께 해결 방법을 찾아보세요.
What types of concerns do you have these days? Write them down and work with your partners to find solutions to your concerns.

1. 여러분의 고민이나 걱정을 종이에 써 보세요. 그리고 아래와 같이 바라는 것도 써 보세요.
Write down your concerns or worries on a piece of paper. Then, write down what you wish for as shown below.

고민/걱정	바라는 것
1) 요즘 건강이 나빠졌어요.	1) 건강해지고 싶어요.
2) _____	2) _____
3) _____	3) _____

2. 3~4명이 모여 친구의 고민을 듣고 해결 방법을 찾아 주세요.
Form groups of 3~4 people. Listen to your partners' concerns and find solutions to them.

요즘 건강이 나빠져서 걱정이에요. 건강해지려면 어떻게 해야 할까요?

건강해지려면 담배나 술을 끊어야 돼요.

아침을 먹는 게 좋아요.

3. 친구들의 해결 방법을 듣고 메모하세요.
Listen to your partners' solutions and take notes.

해결 방법

1) 건강해지려면 담배나 술을 끊어야 돼요.
   건강해지려면 아침을 먹는 게 좋아요.
2) _____
3) _____

새 단어 New Vocabulary 해결 solution, resolution

7 문병
Visiting a Sick Person

2과 택시 타고 다니면 돼요
I can just take a taxi

- 해결 방법 제시하기 *Suggesting solutions*
- 차선책 표현하기 *Expressing the best alternative plan*

어휘 Vocabulary

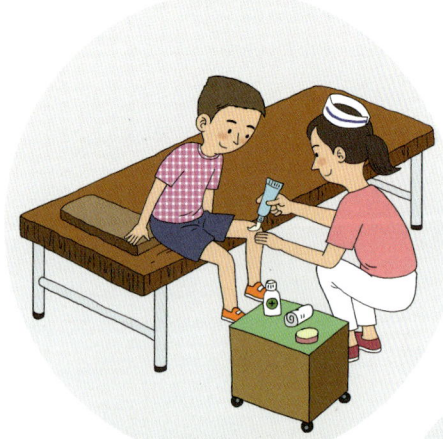
약을 발라요

주사를 맞아요

파스를 붙였어요

엑스레이를 찍어요

깁스를 했어요

약을 바르다 to apply medicine 파스를 붙이다 to put on a medical patch
엑스레이를 찍다 to have an x-ray taken 깁스를 하다 to wear a cast
주사를 맞다 to get an injection

핵심 표현 Key Expression ❶ | V-(으)면 되다

Track 79

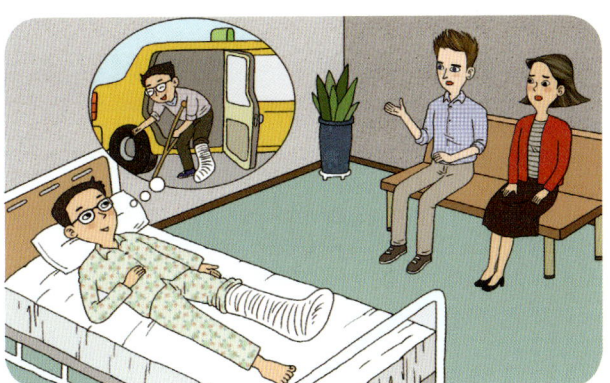

A 깁스를 해서 학교 다니기 힘들겠어요.
B 괜찮아요. 택시 타고 다니면 돼요.

A: It must be tough getting to school since you're in a cast.
B: It's all right. I can just take a taxi.

 보기 와 같이 이야기해 보세요. Create dialogues as shown in the example.

보기
- 어제 백화점에서 가방을 샀는데 교환하고 싶어요.
- 영수증하고 가방을 가져가서 바꾸면 돼요.

1) 어제 백화점에서 가방을 샀는데 교환하고 싶어요.
2) 내일 회사 면접이 있는데 정장이 없어요.
3) 외국인 등록증을 잃어버렸어요.
4) 중국 여행을 가는데 중국어를 몰라요.
5) 여기에서 명동에 가려면 어떻게 해야 돼요?
6) ?

 **V-(으)면 되다**

'-(으)면 되다' is used to describe a solution to something.

A: 학교에 몇 시까지 오면 되나요?
B: 수업이 아홉 시에 시작하니까 아홉 시까지 오면 돼요.

A: 집에 밥이 없어요.
B: 나가서 먹으면 돼요. 걱정하지 마세요.

새 단어 New Vocabulary 정장 suit

핵심 표현 Key Expression ❷ | N(이)나

Track 80

A 바쁜데 이렇게 와 줘서 고마워요. 음료수 마실래요?
B 괜찮아요. 시원한 물이나 한잔 마실게요.

A: Thanks for coming even though you're busy. Would you like a beverage?
B: No thanks. I'll just have a cup of cold water.

💬 보기 와 같이 이야기해 보세요. Create dialogues as shown in the example.

보기
시험 끝나고 뭐 할 거예요?
글쎄요. 특별히 할 일이 없어서 그냥 낮잠이나 잘까 해요.
그래요? 그럼 저랑 영화나 보러 갈래요?

1)  2)  3)  4)

🔍 **N(이)나**

'(이)나' is used to indicate that something is not satisfactory but is a good alternative, or to make light suggestions.

점심에는 시간이 없어서 샌드위치나 먹을까 해요. | 날씨가 좋은데 산책이나 할까요?

새 단어 / New Vocabulary: 낮잠 nap

말하기 Speaking

올리버 민준 씨, 축구하다가 다쳤다면서요? 좀 어때요?
민준 엑스레이를 찍어 봤는데 별 문제 없대요.
올리버 병원에 또 안 가도 돼요?
민준 네. 그냥 며칠 동안 파스만 붙이면 된대요.
올리버 걱정 많이 했는데 다행이네요.
민준 걱정해 줘서 고마워요. 그런데 뭐 좀 먹을래요?
올리버 아니에요. 그냥 차나 한잔 주세요.

친구와 이야기해 보세요. Create conversations using the following words with your partner.

1)
엑스레이를 찍다
파스를 붙이다
차
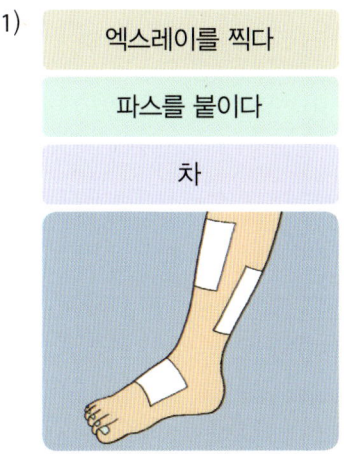

2)
검사를 하다
약을 바르다
물
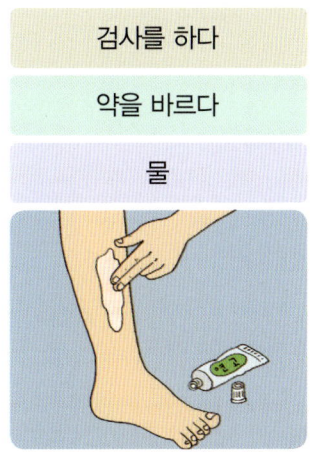

3)
의사 선생님과 이야기하다
잘 쉬다
주스

새 단어 New Vocabulary 별 unusual, special

듣기 Listening

1. 잘 듣고 연휴에 두 사람이 각각 할 일을 <u>모두</u> 고르세요.
Listen to the conversation and choose **all** of the things that each person will do over the long holiday.

1) 여자   2) 남자

①    ②   ③    ④

2. 잘 듣고 질문에 답하세요. Listen to the conversation and answer the questions.

1) 두 사람은 뭘 먹을 것입니까? What are the two people going to eat?

   ① 라면   ② 피자   ③ 치킨

2) 맞는 것을 고르세요. Choose the correct statement.

   ① 두 사람은 저녁을 못 먹어서 배고프다.
   ② 두 사람은 최근에 피자를 자주 먹었다.
   ③ 집 앞에 있는 치킨 집은 24시간 배달해 준다.

3. 잘 듣고 맞으면 ○, 틀리면 × 하세요.
Listen to the conversation and if the statement is true, write O. If not, then write X.

1) 여자는 죽을 사서 문병을 갈 것이다.   (   )
2) 여자의 할머니는 이번 주말에 수술을 받으신다.   (   )
3) 남자는 다음 주에 혼자 영화를 보려고 한다.   (   )

| 새 단어 New Vocabulary | 최근 recent   죽 porridge   수술을 받다 to undergo an operation |

과제 Tasks and Activities

 문제 상황을 보고 친구들과 함께 해결 방법을 찾아보세요.
Look at the problems and find solutions to them with your partner.

1. 선생님에게 카드를 받으세요. Receive cards from the teacher.

휴가 때 해외여행을 가고 싶은데 휴가가 길지 않아요.	친구랑 볼링을 치고 싶은데 친구가 볼링을 칠 줄 몰라요.
휴대폰을 바꾸고 싶은데 돈이 없어요.	맛집을 찾아갔는데 문을 닫았어요.
아이가 당근을 안 먹으려고 해요.	취직했는데 회사가 집에서 멀어요.
매일 아침 룸메이트가 샤워를 너무 오래 해요.	머리에 껌이 붙었어요.

2. 짝과 함께 카드를 보고 해결 방법을 말해 보세요.
Look at the cards with your partner and make suggestions to solve the problems.

새 단어 New Vocabulary 해외여행 overseas trip   껌 gum   붙다 to stick

읽고 쓰기 | Reading and Writing

1. 다음을 읽고 질문에 답하세요. Read the following information and answer the questions.

➕ **입원 환자 면회 시간**
일반 병실 | 09:00~21:00   중환자실 | 09:00~12:00, 13:30~21:00

➕ **일반 병실 면회 안내**
– 면회 손님은 면회 시간에만 환자를 면회할 수 있습니다.
– 24시간 환자를 간호하려면 보호자로 등록해야 합니다.

➕ **중환자실 면회 안내**
– 중환자실 면회는 한 번에 한 명만 할 수 있으며 30분 이상 면회할 수 없습니다.
– 70세 이상 노인과 10세 미만 어린이는 면회를 금지합니다.
– 기침을 하거나 열이 있는 사람은 면회를 금지합니다.

※ 주차 할인권을 구입하려면 사무실로 오시면 됩니다.

한국사랑병원

1) 맞는 것을 고르세요. Choose the correct statement.
① 중환자실 면회는 오전에만 할 수 있다.
② 일반 병실에서는 30분 이상 환자를 면회할 수 없다.
③ 보호자는 면회 시간이 지난 후에도 환자를 볼 수 있다.

2) 다음 중 중환자실 면회를 할 수 있는 사람은 누구입니까?
In which of the following people can visit someone in the intensive care unit?
① 건강한 65세 노인   ② 감기에 걸린 젊은 사람   ③ 보호자와 함께 온 8세 어린이

2. 문병을 갔을 때 무엇을 주의해야 하는지 써 보세요.
Write down things that you should be careful of when visiting a sick person in the hospital.

활동지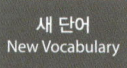
p. 147

정답 | 1. 1) ③ 2) ①

새 단어 New Vocabulary
환자 patient   병실 hospital room   중환자실 intensive care unit   간호하다 to nurse   보호자 guardian
이상 over   미만 under   금지하다 to prohibit   할인권 coupon   젊다 to be young

대화 Conversation

1과 오늘 문병 간다면서요?
I heard you're going to visit someone in a hospital?

Kevin	The hospital that Yangyang is staying at is nearby, isn't it?
Yuka	Yes. It's not that far.
Kevin	Well, the bus isn't coming and the road is jammed. Shall we walk there?
Yuka	Sure. It would be better if we didn't visit him late.
Kevin	By the way, what would be a good gift to get him?
Yuka	I heard that he still can't eat anything.
Kevin	I also heard that.
Yuka	Then, let's buy a book to read when he's bored.

2과 택시 타고 다니면 돼요
I can just take a taxi

Oliver	I heard that you got hurt while playing soccer, right? How are you doing?
Minjun	I had an x-ray taken and after looking at it, there's no major problem.
Oliver	Do you not have to go back to the hospital?
Minjun	No. They said I just have to put on a medical patch for a few days.
Oliver	I was really worried. Thankfully you're okay.
Minjun	Thanks for your concern. By the way, would you like to eat something?
Oliver	No. Just give me a cup of tea please.

8 기념일 Anniversary

1과 태극기가 걸려 있네요
The Korean flag is hanging

- 상태 표현하기
  Expressing status
- 궁금한 것 묻고 답하기
  Asking and answering questions

어휘 Vocabulary

어린이날

어버이날

현충일

광복절

한글날

기념일 anniversary   어린이날 Children's Day   어버이날 Parent's Day
현충일 Memorial Day   광복절 National Liberation Day   한글날 Hangeul Proclamation Day

핵심 표현 Key Expression ❶ | V-아/어 있다

Track 85

A 태극기가 많이 걸려 있네요.
　오늘이 무슨 날이에요?
B 오늘은 광복절이에요.

A: There are a lot of Korean flags hanging. What is today?
B: Today is National Liberation Day.

 그림을 보고 보기 와 같이 이야기해 보세요.
Create dialogues for the following pictures as shown in the example.

| 서다 | 앉다 | 눕다 | 붙다 | 놓이다 | 걸리다 | 쓰이다 | 열리다 | 닫히다 |

보기

선생님은 서 있고
학생들은 앉아 있어요.

책상 위에 책이 놓여 있어요.

1) 　　2)　　3)

🔍 V-아/어 있다

'-아/어 있다' indicates that the state of an action is maintained after the action is completed.

저기 앉아 있는 사람이 누구예요?　　|　　창문이 열려 있어서 추워요.

새 단어
New Vocabulary
태극기 Korean flag　눕다 to lie down　놓이다 to be placed　걸리다 to be hung　쓰이다 to be written
열리다 to be open　닫히다 to be closed

8-1. 태극기가 걸려 있네요 115

핵심 표현 Key Expression ❷ | A-(으)ㄴ지 알다/모르다, V-는지 알다/모르다

A 어린이날 행사를 어디에서 하는지 알아요?
B 네. 시청 앞에서 한다고 해요.

A: Do you know where the children's day event is taking place?
B: Yes. I heard it's in front of City Hall.

 보기 와 같이 이야기해 보세요.
Create dialogues as shown in the example.

보기

은행 문을 몇 시에 닫는지 알아요?

네. 4시에 닫아요. / 글쎄요, 몇 시에 닫는지 모르겠어요.

은행 문을 몇 시에 닫아요?	명동에 어떻게 가요?
한국에서 어느 산이 제일 높아요?	여권을 만들려면 뭐가 필요해요?
펭귄이 어디에 살아요?	한글을 누가 만들었어요?
어버이날이 며칠이에요?	?

🔍 A-(으)ㄴ지 알다/모르다, V-는지 알다/모르다

'-(으)ㄴ지 알다/모르다, -는지 알다/모르다' are used with interrogatives such as '무엇, 누구, 어디, 언제' to ask or answer something you don't know.

A: 팅팅 씨가 언제 고향에 돌아가는지 알아요?
B: 네. 다음 달에 돌아간대요.

A: 올리버 씨가 어디가 아프대요?
B: 어디가 아픈지 저도 잘 모르겠어요.

새 단어 New Vocabulary 펭귄 penguin

말하기 Speaking

민준 에바 씨, 10월 9일이 무슨 날인지 알아요?
에바 글쎄요. 달력에 한글날이라고 쓰여 있네요. 한글날이 무슨 날이에요?
민준 그날은 세종 대왕이 한글을 만든 것을 기념하는 날이에요.
에바 그래요? 그럼 쉬는 날이에요?
민준 네, 공휴일이에요. 그날은 태극기를 달고 여러 가지 기념행사를 해요.
에바 저도 가 보고 싶은데 기념행사를 어디에서 하는지 알아요?
민준 아마 광화문 광장에서 할 거예요.

친구와 이야기해 보세요. Create conversations using the following words with your partner.

1) 10월 9일	2) 8월 15일	3) 6월 6일
한글날	광복절	현충일
세종 대왕이 한글을 만든 것을 기념하다	한국이 독립한 것을 기념하다	나라를 지키다가 돌아가신 분들을 기억하다
광화문 광장	세종문화회관	현충원

새 단어 / New Vocabulary: 달다 to hang 광장 plaza, square 독립하다 to be independent 세종문화회관 Sejong Center for the Performing Arts 지키다 to guard 기억하다 to remember 현충원 national cemetery

듣기 Listening

1. 게시판 광고의 내용과 같은 것을 **모두** 고르세요.
Choose **all** of the statements that are the same as the contents of the bulletin board advertisement.

- ☐ 자전거를 10만 원에 판다.
- ☐ 1년 정도 탄 자전거를 판다.
- ☐ 헬멧을 반값에 싸게 살 수 있다.
- ☐ 자전거를 사려면 이메일을 보내면 된다.

2. 잘 듣고 맞으면 ○, 틀리면 × 하세요.
Listen to the conversation and if the statement is true, write ○. If not, then write ×.

1) 오늘이 어버이날이라서 카네이션을 파는 가게가 많다. ( )
2) 남자의 고향에서는 스승의 날에 보통 꽃을 선물한다. ( )
3) 5월 15일은 한글을 만든 세종 대왕의 생일이다. ( )

3. 잘 듣고 질문에 답하세요.
Listen to the conversation and answer the questions.

1) 두 사람은 지금 무엇을 하고 있습니까? What are the two people doing now?

2) 맞는 것을 고르세요. Choose the correct statement.
① 먹을 수 있는 사탕으로 만든 작품이 있다.
② 회사원을 표현한 작품은 2층에서 볼 수 있다.
③ 피아노 치는 사람을 그린 그림이 벽에 걸려 있다.

정답 | 1. ☑ 자전거를 10만 원에 판다. ☑ 자전거를 사려면 이메일을 보내면 된다. 2. 1) (×) 2) (×) 3) (○) 3. 1) ② 2) ①

새 단어 / New Vocabulary 헬멧 helmet   반값 half price   카네이션 carnation   스승의 날 Teacher's Day   사탕 candy   작품 artwork

과제 Tasks and Activities

 여러분은 한국에 대해서 얼마나 알고 있어요? 한국 관련 퀴즈를 풀어 보세요.
How much do you know about Korea? Take a quiz about Korea.

1. 2~3명씩 짝을 지은 후 선생님에게 마커와 종이를 받으세요.
Form groups of 2~3 people and receive markers and paper from the teacher.

2. 선생님이 PPT로 문제를 보여 주면 5초 안에 답을 쓰세요.
When the teacher shows you the question on PowerPoint, you have 5 seconds to answer.

1) 한국 사람들이 생일에 먹는 음식이 무엇인지 알아요?
   ① 떡국　② 미역국　③ 된장국

2) 불이 났을 때 몇 번에 전화해야 하는지 알아요?
   ① 112　② 114　③ 119

3) 한국 사람들은 꿈에서 무슨 동물을 보면 좋은 일이 생긴다고 생각하는지 알아요?
   ① 닭　② 돼지　③ 고양이

4) 어버이날에 부모님께 선물하는 꽃이 무슨 꽃인지 알아요?
   ① 장미　② 무궁화　③ 카네이션

5) 한국에 무슨 성씨가 제일 많은지 알아요?
   ① 김　② 이　③ 박

6) 한국에서 제일 큰 섬이 어느 섬인지 알아요?
   ① 남이섬　② 여의도　③ 제주도

7) 한글을 언제 만들었는지 알아요?
   ① 1443년　② 1945년　③ 2002년

8) 한국 대통령이 어디에 사는지 알아요?
   ① 청와대　② 경복궁　③ 청계천

3. 종이를 위로 들어 친구들과 함께 정답을 확인하세요.
Hold up your paper and check the correct answer with your classmates.

새 단어 New Vocabulary

미역국 seaweed soup
닭 chicken　돼지 pig
무궁화 rose of Sharon
성씨 surname　대통령 president
청와대 Korean presidential residence

8-1. 태극기가 걸려 있네요 | 119

8 기념일 Anniversary

2과 결혼한 지 5년 됐어요
I've been married for 5 years

- 시간의 경과 묻고 답하기
  Asking and answering about the passage of time
- 약속 내용 설명하기
  Explaining plans

어휘 Vocabulary

2016. 04.20

마련하다 to prepare   참석하다 to attend   기억나다 to come to mind
의미가 있다 to have meaning   달력에 표시하다 to mark on a calendar

핵심 표현 Key Expression ❶ | V-(으)ㄴ 지 N이/가 되다

A 7월 5일이 무슨 날인데 달력에 표시했어요?
B 저희 부부 결혼기념일요. 결혼한 지 벌써 5년이나 됐네요.

A: Why did you mark the day July 5th on the calendar?
B: It's our wedding anniversary. We've already been married for 5 years.

 보기 와 같이 이야기해 보세요.
Create dialogues as shown in the example.

보기

한국어를 배운 지 얼마나 됐어요?   배운 지 얼마 안 됐어요. 2달쯤 됐어요.

한국어를 배우다	고등학교를 졸업하다
부모님과 통화하다	한국에서 살다
머리를 자르다	휴대폰을 바꾸다
○○ 씨를 알게 되다	?

경과된 시간이 길 때는 'V-(으)ㄴ 지 오래되다'를, 경과된 시간이 짧을 때는 'V-(으)ㄴ 지 얼마 안 되다'를 사용할 수 있다.
You can use 'V-(으)ㄴ 지 오래되다' when the time that has elapsed is long, and 'V-(으)ㄴ 지 얼마 안 되다' when the time that has elapsed is short.

- 안경을 쓴 지 10년 됐어요.
  → 안경을 쓴 지 오래됐어요.
- 한국에 온 지 한 달 됐어요.
  → 한국에 온 지 얼마 안 됐어요.

🔍 V-(으)ㄴ 지 N이/가 되다

'-(으)ㄴ 지 N이/가 되다' is used to indicate how much time has elapsed since something happened. When asking questions, '얼마나' is used instead of 'N이/가'.

한국에 온 지 3년이 됐어요. | 점심을 먹은 지 얼마나 됐어요?

새 단어 New Vocabulary 결혼기념일 wedding anniversary

핵심 표현 Key Expression ❷ | V-기로 하다

A 내일은 개교기념일이라서 수업이 없지요?
B 네. 그래서 친구하고 놀이공원에 가기로 했어요.

A: Since tomorrow is the school's anniversary, there's no class, right?
B: Right. So, my friend and I decided to go to an amusement park.

 친구와 영화를 보고 싶습니다. 보기 와 같이 언제 시간이 있는지 물어보세요.
You want to see a movie with a friend. Ask your partner when they have time as shown in the example.

보기

일요일에 같이 영화 볼래요?

월요일에는……

미안해요. 그날은 호세 씨와 점심을 먹기로 했어요. 월요일은 어때요?

일	월	화	수	목	금	토
	팅팅과 테니스		룸메이트와 대청소		가수 소라 콘서트	

일	월	화	수	목	금	토
호세와 점심		민준과 한국어 공부		가족과 시간 보내기		

🔍 V-기로 하다

'-기로 하다' indicates a commitment, decision, or determination to do something.

방학 때 친구와 태권도를 배우기로 했어요. | 오늘부터 술을 끊기로 했어요.

새 단어 New Vocabulary 개교기념일 school anniversary   대청소 house cleaning

말하기 Speaking

팅팅 너 이 사진 기억 나?
투이 그럼, 우리 졸업식 때 찍은 사진이잖아.
팅팅 우리가 졸업한 지 벌써 6년이나 됐네.
투이 그래. 시간이 정말 빨리 가는 것 같아.
팅팅 다음 달에 동창회 한다고 했지?
투이 응, 맞아. 거기에 가면 친구들도 만나고 소식도 들을 수 있겠다.
팅팅 그런데 장소가 어디라고 했지?
투이 학교 앞 식당에서 모이기로 했어.

 친구와 이야기해 보세요. Create conversations using the following words with your partner.

1)
우리 졸업식
우리가 졸업하다/6년
동창회
학교 앞 식당/모이다

2)
유카 결혼식
유카가 결혼하다/5년
송년회
한국호텔/하다

3)
부산 여행
우리가 같이 여행하다/3년
동아리 모임
동아리 방/만나다

4)
언어교육원 수료식
언어교육원을 떠나다/1년
반 모임
학교 근처 커피숍/보다

| 새 단어 New Vocabulary | 소식 news 송년회 year-end party 수료식 completion ceremony |

듣기 Listening

1. 잘 듣고 연결하세요. Listen to the conversation and connect the person to the correct time period.
Track 94

1)  2)  3)  4)

① ② ③ ④ ⑤
2월 5월 9월 12월 2월 5월
지금

2. 잘 듣고 질문에 답하세요. Listen to the conversation and answer the questions.
Track 95

1) 두 사람의 관계는 무엇입니까? What is the relationship between the two people?

① 사장-직원   ② 선생님-학생   ③ 선배-후배

2) 맞는 것을 고르세요. Choose the correct statement.

① 여자는 작년에 고등학교를 졸업했다.
② 여자는 그동안 남자에게 자주 연락했다.
③ 남자와 여자는 다음 주 토요일 저녁에 만날 것이다.

3. 잘 듣고 맞으면 ○, 틀리면 × 하세요.
Listen to the announcement and if the statement is true, write ○. If not, then write ×.
Track 96

1) 이 마트는 3년 전에 문을 열었다.　　　　　　( )
2) 과일은 40퍼센트 할인해서 팔고 있다.　　　　( )
3) 선물을 받으려면 음료수를 구매해야 한다.　　( )

새 단어 New Vocabulary　퍼센트 percent

정답 | 1. 1) ② 2) ⑤ 3) ④ 4) ③　2. 1) ② 2) ③　3. 1) (×) 2) (○) 3) (×)

8. 기념일

과제 Tasks and Activities

 친구들과 파티나 모임 계획을 세워 보세요.
Plan a party or gathering with your classmates.

1. 아래 파티나 모임 중에서 하나를 고르세요. 그리고 친구들과 계획을 세워 보세요.
Choose one of the parties or gatherings from below. Then, make a plan for it with your classmates.

졸업 파티 　　 송년회 　　 신입생 환영회 　　 ?

졸업 파티를 언제 하면 좋을까요?
다음 주 금요일 어때요?
좋아요. 그럼 어디에서 할까요?

언어교육원 졸업 파티
날짜:
시간:
장소:
초대 손님:
……

2. 여러분이 세운 계획을 친구들에게 이야기해 주세요.
Tell your classmates about your plans.

우리는 졸업 파티를 하기로 했어요.
다음 주 금요일에 하기로 했어요.
……

읽고 쓰기 | Reading and Writing

1. 다음을 읽고 질문에 답하세요.
Read the following passage and answer the questions.

> 한국에 어린이날이 생긴 지 100년쯤 되었습니다. 어린이날은 누가 왜 만들었을까요? 지금부터 어린이날에 대해 알아보겠습니다.
>
> **(가)**
>
> 어린이날은 방정환 선생님이 1923년에 만드셨습니다. 방정환 선생님은 잡지 '어린이'를 처음 만드신 분입니다. 그리고 아이들이 재미있게 읽을 수 있는 동화와 아이들이 즐겁게 부를 수 있는 동요도 많이 만드셨습니다.
>
> **(나)**
>
> 전에는 아이들을 부를 때 '이놈', '어린 것'이라고 안 좋게 불렀습니다. 그렇지만 방정환 선생님은 아이들을 중요하게 생각하셨습니다. 그리고 나라가 발전하려면 아이들이 희망을 가지고 행복하게 살아야 된다고 생각하셨습니다. 그래서 아이들을 존중해서 '어린이'라고 부르고 '어린이날'도 만드셨습니다.
>
> **(다)**
>
> 처음에 어린이날이 생겼을 때에는 쉬는 날이 아니었지만 1975년부터 공휴일이 되었습니다. 그래서 아이들은 어린이날에 학교에 가지 않고 부모님과 함께 공연을 보거나 놀이공원에 가는 등 즐거운 시간을 보냅니다.

1) 빈칸에 알맞은 제목을 연결하세요. Connect the blanks to the correct title.

① (가) •   • ⓐ 어린이날을 왜 만들었는지 알아요?
② (나) •   • ⓑ '어린이'가 무슨 뜻인지 알아요?
③ (다) •   • ⓒ 누가 어린이날을 만들었는지 알아요?
           • ⓓ 어린이날에 무엇을 하는지 알아요?

2) 맞는 것을 고르세요. Choose the correct statement.
① 옛날에는 아이들을 부를 때 '이놈'이라고 했다.
② 어린이날을 공휴일로 정한 지 100년이 되었다.
③ 방정환은 어른들이 부르는 노래를 많이 만들었다.

2. 여러분 나라의 특별한 공휴일에 대해 써 보세요. Write about a special holiday in your home country.

새 단어 | New Vocabulary 동화 children's story   동요 children's song   희망 hope   존중하다 to respect

정답 | 1. 1) ①-ⓒ, ②-ⓑ, ③-ⓓ 2) ①

대화 Conversation

1과 태극기가 걸려 있네요
The Korean flag is hanging

Minjun	Do you know what October 9th is?
Eva	Well, on the calendar it says it's Hangeul Proclamation Day. What is Hangeul Proclamation Day?
Minjun	It's a day that celebrates when King Sejong created Hangeul.
Eva	Really? Then, do we get the day off?
Minjun	Yes, it's a holiday. That day the Korean flag is hung and there are various events.
Eva	I want to see it, too. Do you know where the anniversary event is held?
Minjun	Probably in Gwanghwamun square.

2과 결혼한 지 5년 됐어요
I've been married for 5 years

Tingting	Do you remember this picture?
Thuy	Of course. It's the picture we took at our graduation ceremony.
Tingting	It's already been 6 years since we graduated.
Thuy	That's right. It seems like time really flies by.
Tingting	Didn't you say there's a reunion next month?
Thuy	Yeah, right. If you go, then you'll be able to meet old friends and hear about what's been going on.
Tingting	By the way, where did you say it is?
Thuy	We decided to gather at the restaurant in front of the school.

9 꿈 Dreams

1과 선생님이 되려고 한국어를 배워요
I'm learning Korean to become a teacher

- 의도나 목적 설명하기 Explaining intent or purpose
- 가정 상황 표현하기 Expressing assumption

어휘 Vocabulary

꿈을 가지게 됐어요
최선을 다했어요
꿈을 이뤘어요

꿈을 가지다 to have a dream   꿈을 이루다 to achieve a dream   최선을 다하다 to try one's best
성공하다 to succeed   실패하다 to fail

핵심 표현 Key Expression ❶ V-(으)려고 V

Track 97

A 아딜라 씨는 왜 한국어를 배워요?
B 한국어 선생님이 되려고 배우고 있어요.

A: Why are you learning Korean?
B: I'm learning Korean to become a Korean teacher.

 보기 와 같이 이야기해 보세요.
Create dialogues as shown in the example.

보기
왜 아르바이트를 해요?
돈을 모아서 여행 가려고 아르바이트를 해요.

1) 왜 아르바이트를 해요?
2) 왜 정장을 입었어요?
3) 왜 꽃을 샀어요?
4) 왜 컴퓨터를 켰어요?
5) 왜 한국에 왔어요?
6) ?

🔍 V-(으)려고 V

'-(으)려고' is used to indicate an intention or purpose to do something.

대학교에 입학하려고 한국어를 배우고 있어요. | 점심에 먹으려고 김밥을 샀어요.

새 단어 New Vocabulary 모으다 to collect

핵심 표현 Key Expression ❷ | A-다면, V-ㄴ다면/는다면, N(이)라면

A 지우 씨, 어렸을 때 꿈이 화가였다면서요?
B 네. 다시 학생이 된다면 미술을 전공하고 싶어요.

A: Jiwoo, I heard that you wanted to be an painter when you were little, right?
B: Yes. If I were to be a student again, I'd want to major in art.

 보기 와 같이 이야기해 보세요.
Create dialogues as shown in the example.

보기

 복권에 당첨된다면 뭘 하고 싶어요?

 복권에 당첨된다면 세계 여행을 할 거예요.

| 복권에 당첨되다 | 10년 전으로 돌아가다 | 한 달 동안 휴가를 낼 수 있다 |
| ○○ 씨가 선생님이다 | 투명 인간이 되다 | ? |

Q. A-다면, V-ㄴ다면/는다면, N(이)라면

'-다면, -ㄴ다면/는다면, (이)라면' are used to presume a situation where a subsequent action or condition is the result of the presumed situation. It is often used with '만일(에)' or '만약(에)'.

만약 1억 원이 생긴다면 세계 여행을 하고 싶어요.   장학금을 받는다면 정말 기쁠 거예요.
회사 분위기가 좋다면 월급이 적어도 괜찮을 것 같아요.   만일에 내가 너라면 먼저 사과할 거야.

새 단어 / New Vocabulary   복권 lottery   당첨되다 to win   투명 인간 invisible person

말하기 Speaking

사회자	오늘은 작가 유진 씨와 함께 이야기를 나누고 있는데요. 유진 씨는 늦은 나이에 작가가 되셨지요?
유진	네. 회사에 다니다가 40대부터 글을 쓰기 시작했어요.
사회자	처음에는 많이 힘들었다고 들었습니다.
유진	네. 작가가 되려고 공모전에 참가했지만 계속 실패했어요.
사회자	하지만 결국 성공해서 유명한 작가가 되셨네요. 작가가 되려고 하는 후배들에게 한 말씀 해 주세요.
유진	여러분, 나이 때문에 포기하지 마세요. 계속 도전한다면 꿈을 이룰 수 있을 거예요.

 친구와 이야기해 보세요. Create conversations using the following words with your partner.

1) 작가 / 글을 쓰다 / 작가가 되다 / 공모전에 참가하다 / 계속 도전하다

2) 배우 / 연기를 하다 / 영화에 출연하다 / 오디션을 보다 / 꿈을 버리지 않다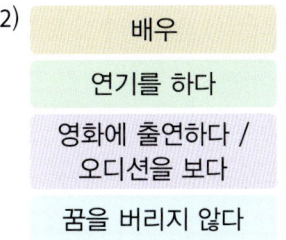

3) 요리사 / 요리를 배우다 / 호텔에 취직하다 / 지원하다 / 최선을 다하다

4) 디자이너 / 디자인을 공부하다 / 디자이너가 되다 / 대회에 나가다 / 포기하지 않다

새 단어 New Vocabulary   공모전 contest   연기하다 to act   출연하다 to appear on a stage, show, etc.   오디션 audition

듣기 Listening

1. 잘 듣고 여자가 사지 <u>않은</u> 것을 고르세요.
Listen to the conversation and choose the item that the woman **didn't** buy.

①   ②   ③   ④

  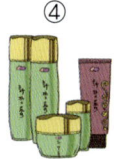

2. 잘 듣고 맞으면 ○, 틀리면 × 하세요.
Listen to the conversation and if the statement is true, write ○. If not, then write ×.

1) 여자가 산 복권이 1등에 당첨됐다.   ( )

2) 남자는 복권에 당첨되면 차를 사려고 한다.   ( )

3) 여자는 지금 하고 있는 일이 마음에 든다.   ( )

3. 잘 듣고 질문에 답하세요. Listen to the conversation and answer the questions.

1) 남자의 꿈은 무엇이었습니까? What was the man's dream?

   ① 회사원   ② 축구 선수   ③ 마라톤 선수

2) 맞는 것을 고르세요. Choose the correct statement.

   ① 남자는 다쳐서 꿈을 이루지 못했다.
   ② 여자의 어렸을 때 꿈은 운동선수였다.
   ③ 여자는 마라톤 대회에 참가한 적이 있다.

정답 | 1. ④   2. 1) (×) 2) (○) 3) (○)   3. 1) ② 2) ①

새 단어 / New Vocabulary: 마라톤 marathon

과제 Tasks and Activities

 무인도에 간다고 가정해 보세요. 무엇을 가져갈지 정하고 이유를 말해 보세요.
Suppose you go to a deserted island. Decide what you would bring with you and explain why.

1. 만약 무인도에서 일주일 동안 지내야 한다면 뭘 가져가겠어요? 세 가지만 체크해 보세요.
If you had to spend a week on a deserted island, what would you bring with you? Put a check mark for three items only.

☐ 책   ☐ 라이터   ☐ 칼   ☐ 옷   ☐ 약

☐ 가족사진   ☐ 카메라   ☐ 낚싯대   ☐ 손전등   ?

2. 왜 그것을 가져가려고 해요? 친구들과 이야기해 보세요.
Why would you bring those items? Talk with your classmates about it.

무인도에서 일주일 동안 지내야 한다면 저는 책하고 라이터, 그리고 약을 가져가겠어요.

책을 왜 골랐어요?

심심할 때 읽으려고 골랐어요.

라이터는요?

……

새 단어 New Vocabulary   무인도 deserted island   라이터 lighter   칼 knife   낚싯대 fishing pole   손전등 flashlight

9-1. 선생님이 되려고 한국어를 배워요 | 133

9 꿈 Dreams

2과 장학금을 받았으면 좋겠어요
It would be good to get a scholarship

- 이유 설명하기 4 Explaining reasons 4
- 희망 표현하기 Expressing hopes

어휘 Vocabulary

소원을 빌어요

정말 기대돼요

부러워요
운이 좋아요
너무 떨려요

소원을 빌다 to make a wish   기대되다 to be expected   떨리다 to shake, tremble
부럽다 to be envious   운이 좋다 to be lucky

핵심 표현 Key Expression ❶ | A/V – 거든요

Track 103

A 기분이 좋아 보이네요. 무슨 좋은 일 있어요?
B 내일부터 휴가라서 유럽으로 여행을 가거든요. 너무 기대돼요.

A: You look happy. What's going on?
B: I'm on vacation starting tomorrow, so I'm traveling to Europe. I'm really looking forward to it.

 보기 와 같이 이야기해 보세요.
Create dialogues as shown in the example.

보기

 주말에 뭐 할 거예요?

 친구 집에 갈 거예요. 생일 파티가 있거든요.

주말에 뭐 할 거예요?	오늘 기분이 좋아/나빠 보여요. 무슨 일 있어요?
자주 가는 식당이 있어요? 왜 그 식당에 자주 가요?	어디로 여행 가고 싶어요? 왜 그곳에 가고 싶어요?
고향에 자주 전화해요? 왜요?	?

🔍 **A/V – 거든요**

'– 거든요' is used to explain facts or reasons unknown to the listener.

A: 케빈 씨, 지금 어디에 가요?
B: 공항에 가요. 오늘 고향에서 친구가 오거든요.

A: 내일 모임에 올 수 있어요?
B: 미안하지만 저는 못 가요. 중요한 회의가 있거든요.

9-2. 장학금을 받았으면 좋겠어요 **135**

핵심 표현 Key Expression ❷ | A/V – 았으면/었으면 좋겠다

A 이번에는 꼭 장학금을 받았으면 좋겠어요.
B 그동안 열심히 했으니까 받을 수 있을 거예요.

A I hope to get a scholarship this time.
B Since you've worked really hard, you'll be able to get one.

 보기 와 같이 이야기해 보세요.
Create dialogues as shown in the example.

보기

지금 살고 있는 방이 작아서 불편해요.
방이 좀 컸으면 좋겠어요.

고향에 못 간 지 오래됐어요.
이번 방학에는······.

| 지금 살고 있는 방이 작아요. | 고향에 못 간 지 오래됐어요. |

| 내일 친구들과 산에 가기로 했어요. | 주말에 축구 경기를 해요. |

| 다음 주에 시험이 있어요. | ? |

🔍 A/V – 았으면/었으면 좋겠다

'–았/었으면 좋겠다' is used to express hope or wishes for something that has not happened.
돈이 많았으면 좋겠어요.　　　　　　│　　한국말을 잘했으면 좋겠어요.

말하기 Speaking

민준 에바, 어제 운전면허 시험 봤지? 합격했어?
에바 아니, 떨어졌어. 너무 떨려서 출발할 때 실수를 했거든.
민준 연습 많이 했는데 떨어져서 속상하겠다.
에바 응. 그런데 너도 운전면허 시험 봤다고 했지? 넌 어떻게 됐어? 합격했어?
민준 응. 난 운이 좀 좋았어. 연습할 때는 주차를 잘 못했는데 그날은 잘 됐거든.
에바 정말 부럽다. 나도 다음에는 꼭 붙었으면 좋겠어.
민준 걱정하지 마. 다음에는 붙을 거야.

친구와 이야기해 보세요. Create conversations using the following words with your partner.

1) 운전면허
   출발할 때 실수를 하다
   주차를 잘 못하다/잘 되다
   붙다

2) 스쿠버 다이빙
   순서를 잊어버리다
   물속에서 귀가 아프다/괜찮다
   합격하다

3) 바리스타
   커피를 쏟다
   시간이 모자라다/빨리 하다
   자격증을 따다

새 단어 New Vocabulary 스쿠버 다이빙 scuba diving 순서 order, sequence 물속 in water 바리스타 barista 쏟다 to spill

듣기 Listening

1. 두 사람은 내일 무엇을 하려고 합니까? 고르세요.
What are the two people going to do tomorrow? Choose the correct picture.

① 　② 　③

2. 잘 듣고 맞으면 ○, 틀리면 × 하세요.
Listen to the conversation and if the statement is true, write ○. If not, then write ×.

1) 여자는 '사랑했지만'을 부른 가수가 누구인지 모른다.　(　)
2) 남자는 유명한 연예인을 보려고 이 식당에 왔다.　(　)
3) 여자는 이 식당에서 가수 이준호를 본 적이 없다.　(　)

3. 잘 듣고 질문에 답하세요. Listen to the conversation and answer the questions.

1) 남자는 왜 전화했습니까? Why did the man call?

　① 선물을 주려고　　② 문제를 풀려고　　③ 노래를 신청하려고

2) 맞는 것을 고르세요. Choose the correct statement.
　① 남자는 평소에 회사에 가면서 이 방송을 듣는다.
　② 여자는 떨려서 지금 남자와 이야기하기가 힘들다.
　③ 여자는 남자가 새 청소기를 샀으면 좋겠다고 생각한다.

정답 | 1. ③　2. 1) (×) 2) (×) 3) (○)　3. 1) ② 2) ①

새 단어 / New Vocabulary　연예인 celebrity　평소 usual　방송 broadcast

과제 Tasks and Activities

소원을 써서 소원 나무에 붙여 보세요. Write down a wish and stick it on the wishing tree.

1. 선생님에게 메모지를 받으세요. 파란 메모지에는 자신이 바라는 것을 쓰고 노란 메모지에는 친구에게 바라는 것을 쓰세요. 여러 장을 써도 돼요.

Receive memos from the teacher. Write what you want on a blue memo paper and what you want for or what you want from your partner on a yellow memo paper.

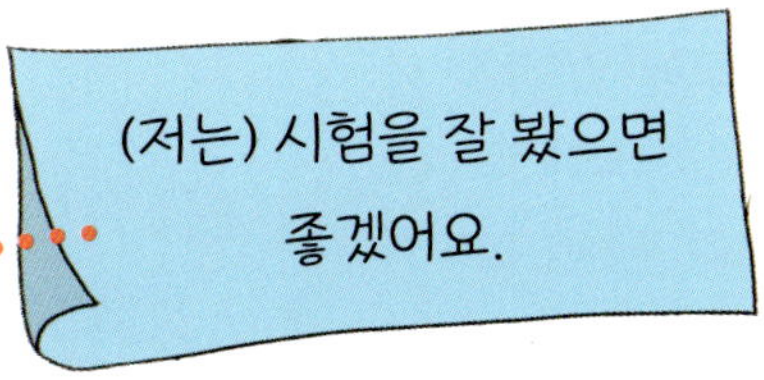
(저는) 시험을 잘 봤으면
좋겠어요.

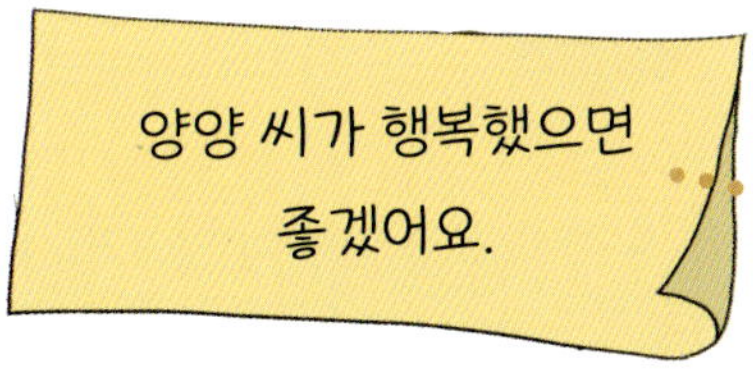
양양 씨가 행복했으면
좋겠어요.

2. 파란 메모지는 아래의 나무에 붙이세요. 그리고 노란 메모지는 친구의 나무에 붙여 주세요.

Stick the blue memos on the tree below. Stick the yellow memos on your partner's tree.

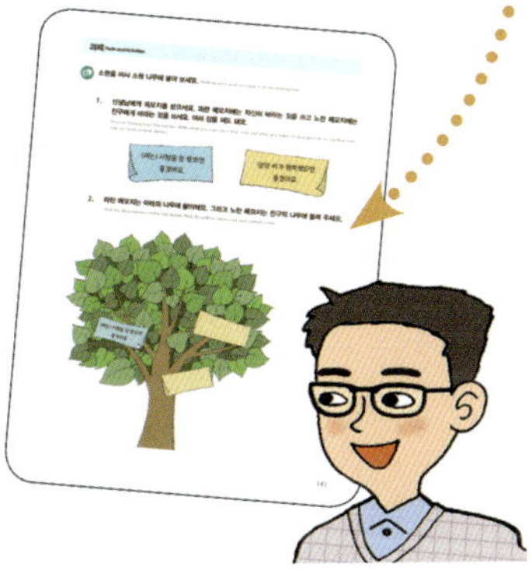

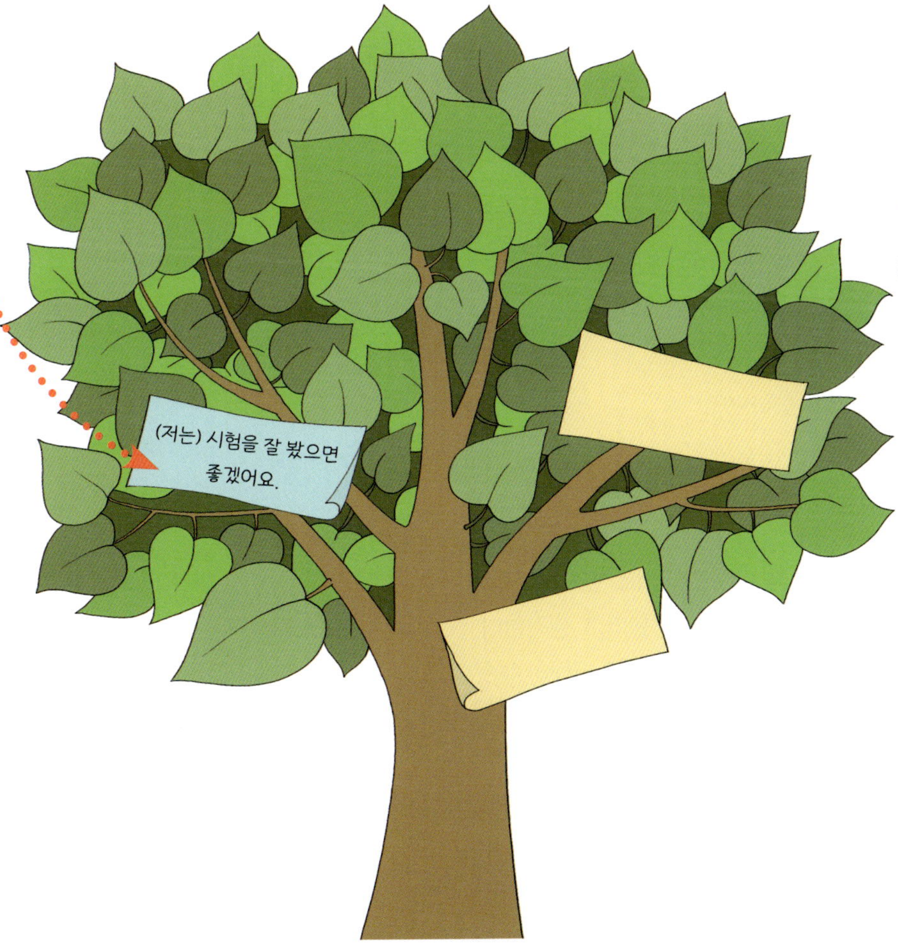
(저는) 시험을 잘 봤으면
좋겠어요.

읽고 쓰기 | Reading and Writing

1. 다음을 읽고 질문에 답하세요. Read the following and answer the questions.

아딜라
(22세, 말레이시아)

고등학교 때 룸메이트가 한국 사람이었어요. 그래서 한국에 관심을 갖게 되었고 잠깐 여행하러 왔다가 대학교에 입학해서 한국학을 전공하고 있어요. 한국에 대해 더 많이 알고 싶어졌거든요. 공부를 마치고 고향에 돌아가면 대학에서 한국어를 가르쳤으면 좋겠어요.

김민준
(23세, 한국)

"꿈을 가진 사람만이 꿈을 이룰 수 있다." 저는 이 말을 참 좋아해요. 사람에게는 생각하는 것을 현실로 만들 수 있는 힘이 있으니까요. 하지만 꿈이 꼭 클 필요는 없다고 생각해요. 작고 평범한 꿈도 다 의미가 있기 때문이죠. 그래서 저는 그냥 평범한 회사원이 되고 싶어요. 그리고 우리 가족 모두 건강하고 행복하게 살았으면 좋겠어요.

미아
(21세, 독일)

저는 대학교에서 수학을 공부하고 있어요. 친구들은 왜 어려운 수학을 공부하느냐고 하지만 전 문제를 풀 때 제일 행복해요. 숫자는 거짓말을 안 하거든요. 졸업 후에도 대학원에 가서 계속 이 분야를 연구하고 싶어요.

1) ⬚에 알맞은 것을 고르세요. Fill in the ⬚ with the correct title.

① 새해 소원을 빌어 보세요!
② 당신은 어떤 꿈을 가지고 있나요?
③ 앞으로 기대되는 직업은 무엇일까요?

2) 맞는 것을 고르세요. Choose the correct statement.

① 아딜라는 한국인 룸메이트를 다시 만나려고 한국에 왔다.
② 김민준은 행복하려면 꿈을 크게 가져야 한다고 생각한다.
③ 미아의 친구들은 수학을 좋아하는 미아를 잘 이해하지 못한다.

2. 앞으로의 목표나 계획을 써 보세요. Write down your future goals or plans.

새 단어 / New Vocabulary: 한국학 Korean Studies　마치다 to end　숫자 number　거짓말 lie　분야 area, field　현실 reality　평범하다 to be ordinary

대화 Conversation

1과 선생님이 되려고 한국어를 배워요
I'm learning Korean to become a teacher

Host   Today, I'm talking with a writer named Yujin. Yujin, you become a writer later in life, didn't you?

Yujin   Yes. I was working at a company and when I turned 40, I started to write.

Host   I heard that it was difficult for you at first.

Yujin   Yes. To become a writer, I participated in contests, but I kept losing.

Host   But eventually you succeeded and became a famous writer. Please say something to the younger generation who are trying to become writers.

Yujin   Everyone, don't give up because of your age. If you keep challenging yourself, you can achieve your dreams.

2과 장학금을 받았으면 좋겠어요
It would be good to get a scholarship

Minjun   You took a driving test yesterday, didn't you? Did you pass?

Eva   No, I failed. I was so nervous that I made a mistake when I started off.

Minjun   You must be disappointed because you practiced a lot.

Eva   Yeah. By the way, you said you also took a driving test, right? How did you do? Did you pass the test?

Minjun   Yeah. I was a little lucky. I couldn't park well when I practiced, but that day went well.

Eva   I really envy you. I hope to pass it next time.

Minjun   Don't worry. You'll pass it.

부록
Appendix

활동지　Activity Sheets
문법 해설　Grammar Reference
듣기 지문　Listening Transcript
어휘 색인　Glossary

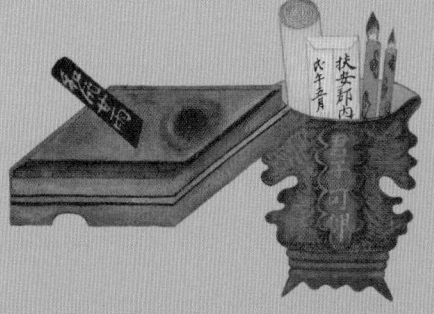

활동지 Activity Sheets

3단원 읽고 쓰기

1:1 상담 게시판

제목	
작성자	
이메일	☐ @ ☐

5단원 읽고 쓰기

책 소개

행복한 학교생활
저자 김현정   가격 13,000원   ★★★★★ 10.0   [장바구니] [♥좋아요]

[제1부]

[제2부]

[제3부]

6단원 읽고 쓰기

불이 났을 때는 이렇게 하세요!!

 '불이야'하고 큰 소리로 말하고 비상벨을 누릅니다.

 연기가 많은 곳을 지나갈 때는 코와 입을 막고 지나갑니다.

새 단어 / New Vocabulary   비상벨 emergency alarm   연기 smoke   막다 to block

8단원 읽고 쓰기

문병 갔을 때 다른 사람에게 불편을 주지 않으려면?

1. **면회 시간을 지켜 주세요.**
   문병 가기 전에 먼저 면회 시간을 알아보고 그 시간에 방문해야 합니다.

2. _____.
   냄새가 나는 음식을 먹지 않는 것이 좋습니다.

3. _____.
   꽃이나 화분은 환자에게 좋지 않습니다.

4. _____.
   시끄럽게 떠들면 다른 환자가 쉴 수 없습니다.

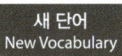
화분 flowerpot   시끄럽다 to be noisy   떠들다 to clamor

문법 해설 Grammar Reference

1단원 | 정보 Information

1과 사진 전시회를 한다고 해요
I heard that there's going to be a photo exhibition

1. A-다고 하다, V-ㄴ다고/는다고 하다, N(이)라고 하다 p. 17

• 다른 사람이나 매체를 통해 듣거나 알게 된 내용을 전달할 때 사용한다. Used to convey information heard or learned through other people or media.

	받침 ×	받침 ○
형용사	바쁘다 → 바쁘다고 하다	작다 → 작다고 하다
동사	가다 → 간다고 하다	읽다 → 읽는다고 하다
명사	친구 → 친구라고 하다	학생 → 학생이라고 하다

다쿠야 씨의 동생이 아주 예쁘다고 해요.
지우 씨가 요즘 회사 일 때문에 힘들다고 해요.
양양 씨가 오늘 학교에 못 온다고 했어요.
올리버 씨는 매운 음식을 잘 먹는다고 했어요.
투이 씨는 학교 근처에 산다고 했어요.
뉴스에서 들었는데 제주도에는 바람이 많이 분다고 해요.
일기예보에서 들었는데 서울은 현재 34도라고 해요.
민준 씨가 자기 생일은 7월이라고 했어요.

2. V-고 나서 p. 18

• 어떤 행위를 끝낸 다음에 다른 행위를 하거나 어떤 상황이 일어남을 나타낸다. Indicates that another action or situation is followed by a certain action which is completed.

영화를 보고 나서 같이 커피 한잔 할까요?
책을 다 읽고 나서 잘 거예요.
약을 먹고 나서 열이 내렸어요.

2과 텔레비전을 재활용 센터에 팔았다고 해요
She said that she sold her television to a recycling center

1. A/V-았다고/었다고 하다, A/V-(으)ㄹ 거라고 하다, A/V-겠다고 하다 p. 23

• 다른 사람이나 매체를 통해 알게 된 내용을 전달할 때 사용하는 표현으로 전달하는 내용이 과거일 때 '-았/었다고 하다'를 사용한다. Used to convey information heard or learned through other people or media. Use '-았다고/었다고 하다' when conveying information that occurred in the past.

ㅏ, ㅗ + -았다고 하다	작다 → 작았다고 하다 가다 → 갔다고 하다
하다 → 했다고 하다	피곤하다 → 피곤했다고 하다 운동하다 → 운동했다고 하다
ㅓ, ㅜ, ㅣ … + -었다고 하다	맛있다 → 맛있었다고 하다 먹다 → 먹었다고 하다

다쿠야 씨가 한라산에 갔을 때 정말 좋았다고 했어요.
어제 눈이 많이 와서 길이 매우 복잡했다고 해요.
팅팅 씨는 어렸을 때 머리가 길었다고 해요
친구한테 들었는데 작년 겨울에는 날씨가 정말 추웠다고 해요.
민준 씨가 지하철에서 고향 친구를 만났다고 했어요.
투이 씨는 어제 늦게까지 도서관에서 공부했다고 해요.
샤오민 씨는 고향에서도 중국어를 가르쳤다고 했어요.
에바 씨가 더워서 머리를 짧게 잘랐다고 했어요.

• 전달하는 내용이 미래일 때는 '-(으)ㄹ 거라고 하다'와 '-겠다고 하다'를 사용한다. 이때 인용문의 종결형이 '-(으)ㄹ 거예요'면 '-(으)ㄹ 거라고 하다'로, '-겠어요/겠습니다'나 '-(으)ㄹ게요'면 '-겠다고 하다'로 바꾼다. Use '-(으)ㄹ 거라고 하다' or '-겠다고 하다' for conveying information that will occur in the future. In this case, if the ending form of the quotation is '-(으)ㄹ 거예요', then change it to '-(으)ㄹ 거라고 하다'. If the ending form of the quotation is '-겠어요/겠습니다' or '-(으)ㄹ게요', then change it to '-겠다고 하다'.

받침 ✕	비싸다	→ 비쌀 거라고 하다
		→ 비싸겠다고 하다
	오다	→ 올 거라고 하다
		→ 오겠다고 하다
받침 ○	맛있다	→ 맛있을 거라고 하다
		→ 맛있겠다고 하다
	읽다	→ 읽을 거라고 하다
		→ 읽겠다고 하다

기욤 씨가 다음 주에는 많이 바쁠 거라고 해요.
주말이라서 백화점에 사람이 많을 거라고 했어요.
일기예보에서 이번 겨울은 매우 추울 거라고 했어요.
올리버 씨가 이번 방학 때 일본으로 여행 갈 거라고 해요.
지우 씨가 친구 결혼식에 갈 때 원피스를 입을 거라고 했어요.
오늘부터 매일 한국 뉴스를 들을 거라고 했어요.
엄마가 이 옷은 동생한테 작겠다고 했어요.
아딜라 씨는 오렌지 주스를 마시겠다고 했어요.
민준 씨가 올해는 꼭 담배를 끊겠다고 했어요.

2. A/V - 기 때문에   p. 24

- 어떤 일의 이유나 원인을 나타내며 주로 공식적인 말이나 글에 쓰인다. Indicates the reason or cause of something and is usually used in formal speech or writing.

  일이 많기 때문에 늦게까지 일해야 돼요.
  저는 한국 노래를 자주 듣기 때문에 한국 가수를 많이 알아요.
  이 물건은 위험하기 때문에 비행기에 가지고 탈 수 없습니다.

- 명령, 청유, 제안을 나타내는 문장에서는 사용할 수 없다. It can not be used in sentences that indicate commands or suggestions.

  바쁘기 때문에 내일 다시 오세요. (✕)
  길이 막히기 때문에 일찍 출발합시다. (✕)
  방이 덥기 때문에 창문을 열까요? (✕)

- 이유나 원인이 과거일 때는 '-았기/었기 때문에'를 사용한다. Use '-았기/었기 때문에' when the reason or cause occurred in the past tense.

  어렸을 때 집이 작았기 때문에 언니하고 방을 같이 사용했어요.
  커피를 마셨기 때문에 밤에 잠을 잘 못 잤어요.

2단원 | 만남 Meeting

1과 유학생 모임에 같이 갈래요?
Would you like to join the international student meeting?

1. V-(으)ㄹ래요   p. 31

- 평서문에서는 말하는 사람이 어떤 일을 할 의향이나 의지, 의사가 있음을 나타내고 의문문에서는 어떤 일이나 선택에 대해 상대방의 의사나 의향을 묻거나 권유함을 나타낸다. Indicates that the speaker has an intention or is willing to do something, but the interrogative sentence indicates that the speaker is asking someone's opinion or intention about something or a choice.

| 받침 ✕, ㄹ 받침 + -ㄹ래요 | 가다 → 갈래요 |
| 받침 ○ + -을래요 | 먹다 → 먹을래요 |

A: 민준 씨, 주말에 같이 산에 가요.
B: 저는 그냥 집에서 쉴래요.
A: 밖에 나가서 눈사람 만들래?
B: 응. 좋아.
A: 떡볶이 샀는데 같이 먹을래요?
B: 전 배불러서 안 먹을래요.

- '-(으)ㄹ래요'는 친한 사람이나 아랫사람에게 사용하며 격식적인 상황에서는 쓰지 않는다. Used between people who have a close relationship or when directed towards a person of lower social status. However, it is not used in formal situations.

  A: 다음으로 누가 말씀하시겠습니까?
  B: 제가 할래요. (✕)
     제가 하겠습니다. (○)

2. A-(으)냐고 하다/묻다, V-느냐고 하다/묻다, N(이)냐고 하다/묻다   p. 32

- 질문한 내용을 전달할 때 사용한다. Used to pass on the contents of a question.

	받침 X	받침 O
형용사	비싸다 → 비싸냐고 하다/묻다	좋다 → 좋으냐고 하다/묻다
동사	가다 → 가느냐고 하다/묻다	먹다 → 먹느냐고 하다/묻다
명사	언제 → 언제냐고 하다/묻다	며칠 → 며칠이냐고 하다/묻다

민준 씨가 나에게 요즘 바쁘냐고 물었어요.
친구가 한국어가 어려우냐고 했어요.
케빈 씨가 어디에서 운동하느냐고 했어요.
투이 씨가 무슨 책을 읽느냐고 했어요.
지우 씨가 지금 몇 시냐고 물었어요.
아주머니가 서울대학교 학생이냐고 물었어요.

- 전달하는 질문의 내용이 과거 시제일 때, 형용사와 동사의 경우에는 '-았느냐고/었느냐고 하다/묻다'를 사용하고, 명사의 경우에는 '-였느냐고/이었느냐고 하다/묻다'를 사용한다. When the contents of a question to be passed on occurred in the past, '-았느냐고/었느냐고 하다/묻다' are used for adjectives and verbs, and '-였느냐고/이었느냐고 하다/묻다' are used for nouns.

나오미 씨가 일본 여행이 즐거웠느냐고 했어요.
선생님께서 아침을 먹었느냐고 물어보셨어요.
경찰이 그날이 며칠이었느냐고 했어요.
투이 씨가 선물을 산 백화점이 어디였느냐고 물었어요.

- 전달하는 질문의 내용이 미래 시제일 때, '-(으)ㄹ 거냐고 하다/묻다'와 '-겠느냐고 하다/묻다'를 사용한다. When the contents of a question to be passed on will occur in the future, '-(으)ㄹ 거냐고 하다/묻다' and '-겠느냐고 하다/묻다' are used.

엄마가 집에 언제 올 거냐고 해서 금방 간다고 했어요.
친구가 금요일에 같이 저녁을 먹겠느냐고 물어서 좋다고 했어요.

2과 까만 모자를 쓰고 있어요
He's wearing a black hat

1. 'ㅎ' 불규칙
p. 37

- 어간이 'ㅎ'으로 끝나는 형용사 중 일부는 어간 뒤에 '으'로 시작하는 어미와 결합할 경우 어간의 'ㅎ'과 어미의 '으'가 함께 탈락한다. '-아/어'로 시작하는 어미와 결합할 경우에는 'ㅎ'이 탈락하고 어미 '-아/어'는 '애'로 '-야'는 '얘'로 바뀐다. When some adjectives that end with the stem 'ㅎ' are combined with a subsequent stem's ending that begins with '으', both the 'ㅎ' and '으' are dropped. When an ending begins with '-아/어', the 'ㅎ' is dropped and the ending '-아/어' becomes '애' and the ending '-야' becomes '얘'.

	-습/ㅂ니다	-아요/어요	-고
빨갛다	빨갛습니다	빨개요	빨갛고
파랗다	파랗습니다	파래요	파랗고
노랗다	노랗습니다	노래요	노랗고
까맣다	까맣습니다	까매요	까맣고
하얗다	하얗습니다	하얘요	하얗고
이렇다	이렇습니다	이래요	이렇고
저렇다	저렇습니다	저래요	저렇고
그렇다	그렇습니다	그래요	그렇고
어떻다		어때요	어떻고

	-아서/어서	-(으)니까	-(으)ㄴ
빨갛다	빨개서	빨가니까	빨간
파랗다	파래서	파라니까	파란
노랗다	노래서	노라니까	노란
까맣다	까매서	까마니까	까만
하얗다	하얘서	하야니까	하얀
이렇다	이래서	이러니까	이런
저렇다	저래서	저러니까	저런
그렇다	그래서	그러니까	그런
어떻다	어때서	어떠니까	어떤

지우 씨는 머리가 까매요.
파란 하늘에 하얀 구름이 있어요.
어제 잠을 못 자서 눈이 빨개졌어요.
지금은 일 때문에 바빠요. 그러니까 다음에 만나요.

- '놓다, 넣다, 낳다' 등의 동사와 '좋다' 등의 형용사는 불규칙 활용을 하지 않는다. Verbs such as '놓다, 넣다, 낳다'

and adjectives such as '좋다' do not use the irregular form.

라면에 계란을 넣었어요.
가방은 여기에 놓으면 돼요.
날씨가 좋으니까 같이 산책할래요?

2. V-고 있다 p. 38

- 착용 동사와 결합하여 상태의 지속을 의미하며 주로 옷차림을 묘사할 때 사용한다. Indicates the continuation of a state combined with a verb associated with wearing things and is mainly used to describe attire.

에밀리 씨는 까만색 원피스를 입고 있어요.
다쿠야 씨는 손에 가방을 들고 있어요.
지우 씨는 회사에서 구두를 신고 있어요.
책을 읽지 않을 때는 안경을 벗고 있어요.

- 두 개 이상의 착용 상태에 대해 함께 묘사할 때는 'N에 N을/를 V-고 있다'로 표현할 수 있다. When describing wearing two or more things, 'N에 N을/를 V-고 있다' is used.

하얀 블라우스에 까만 구두를 신고 있어요.
까만 양복에 하얀 셔츠를 입고 있어요.
청바지에 모자를 쓰고 있는 사람이 제 친구예요.

3단원 | 소비 Consumption

1과 인터넷으로 사면 얼마나 편리한데요
It's very convenient to buy stuff online

1. V-(으)라고 하다, V-지 말라고 하다 p. 45

- 다른 사람의 명령이나 부탁을 전달할 때 사용한다. Used to pass on another person's commands or requests.

받침 ×, ㄹ 받침 + -라고 하다	가다 → 가라고 하다
받침 ○ + -으라고 하다	먹다 → 먹으라고 하다

라샨 씨가 서울대입구역에서 내리라고 했어요.
우리 할머니는 항상 주말에는 공부하지 말고 놀라고 하세요.
언니가 산에 갈 때 꼭 등산화를 신으라고 했어요.
선생님이 매일 한국 뉴스를 들으라고 하셨어요.

- 부정 명령이나 부탁을 다른 사람에게 전달할 때는 '-지 말라고 하다'를 사용한다. Used to pass on negative commands or requests.

어머니가 밤에는 피아노를 치지 말라고 하셨어요.
형이 자기 옷을 입지 말라고 했어요.

- '-아/어 주세요' 형태의 명령문을 다른 사람에게 전달할 때, 화자와 수혜자가 같은 경우에는 '-아/어 달라고 하다'를 사용하고, 화자와 수혜자가 다를 경우에는 '-아/어 주라고 하다'를 사용한다. When passing on an command in the form of '-아/어 주세요' to another person, if the person who gave the command and the beneficiary are the same person, use '-아/어 달라고 하다'. If the person who gave the command and the beneficiary are different, use '-아/어 주라고 하다'.

유카 씨가 (자기한테) 물 좀 달라고 했어요.
유카 씨가 (다른 사람한테) 물 좀 주라고 했어요.
케빈 씨가 (자기한테) 우산을 빌려 달라고 했어요.
케빈 씨가 (다른 사람한테) 우산을 빌려 주라고 했어요.

2. 얼마나 A-(으)ㄴ데요, 얼마나 V-는데요 p. 46

- 동작의 강도나 상태의 정도가 대단함을 강조하여 나타낼 때 사용한다. Used to emphasize the intensity of action or degree of condition.

	받침 ×	받침 ○
형용사	크다 → 얼마나 큰데요	좋다 → 얼마나 좋은데요
동사	자다 → 얼마나 일찍 자는데요	먹다 → 얼마나 많이 먹는데요

A: 왜 매일 학생 식당에서 밥을 먹어요?
B: 학생 식당이 얼마나 맛있고 싼데요.

A: 토요일에도 회사에 가?
B: 응. 요즘 일이 얼마나 많은데.

A: 바나나를 또 먹어요?
B: 제가 바나나를 얼마나 좋아하는데요.

- 과거의 경우 '-았는데요/었는데요'를 사용한다. In the case of the past tense, use '-았는데요/었는데요'.

A: 어제 파티는 재미있었어요?
B: 네. 얼마나 재미있었는데요.

문법 해설

A: 어젯밤에 눈이 왔어요?
B: 몰랐어요? 어제 눈이 얼마나 많이 왔는데요.

- 일반적으로 동사와 결합하는 경우에는 '잘', '많이' 등처럼 강도를 나타낼 수 있는 부사와 함께 사용된다. Generally, when combined with a verb, it is used in conjunction with an adverb that expresses intensity such as '잘' or '많이'.

A: 지우 씨가 기타를 잘 쳐요?
B: 그럼요. 얼마나 잘 치는데요.

2과 이 티셔츠는 하얀색밖에 없는데요
This t-shirt only comes in white

1. A-다!, V-ㄴ다/는다!, N(이)다! p. 51

- 구어에서 감탄할 때 사용한다. 동사의 경우에는 주로 '잘, 빨리, 많이' 등의 부사와 사용한다. Used to show admiration when speaking. In the case of verbs, it is generally used with adverbs such as '잘, 빨리, 많이'.

	받침 ×	받침 ○
형용사	크다 → 크다	작다 → 작다
동사	하다 → 한다	읽다 → 읽는다
명사	버스다 → 버스다	김밥이다 → 김밥이다

와, 그 목걸이 예쁘다! 어디서 샀어?
저 배우 정말 멋있다! 연기도 잘하고.
너 정말 요리 잘한다! 맛있어.
너 케이크 정말 잘 만든다! 빵집에서 산 것 같아.
택시다! 빨리 타자.
빨간불이다! 다음에 건너자.

2. N밖에 p. 52

- 그것 외에는 다른 가능성이나 선택의 여지가 없음을 나타낸다. '안, 못, 모르다, 없다' 등의 부정을 나타내는 말과 함께 쓴다. Indicates that there is no other possibility or choice. It is used in conjunction with a negative expression such as '안, 못, 모르다, or 없다'.

편의점에서 우유밖에 안 샀어요.
주말에 조금밖에 못 쉬었어요.
저는 그 사람 이름밖에 몰라요.
냉장고 안에 물밖에 없어요.

N밖에	• 부정을 나타내는 '안, 못, 없다, 모르다' 등과 함께 쓰이며 '만'과 비슷한 의미를 나타낸다. It is used in conjunction with words such as '안, 못, 없다, 모르다' to indicate negation and it has a similar meaning to '만'. 예) 편의점에서 우유밖에 안 샀어요. (O) 편의점에서 우유밖에 샀어요. (×)
N만	• 긍정과 부정을 나타내는 문장에 모두 쓰일 수 있다. It can be used in both positive and negative sentences. 예) 편의점에서 우유만 샀어요. (O) 편의점에서 우유만 안 샀어요. (O)

4단원 | 후회 Regret

1과 일찍 출발했어야 했는데
I should've left early

1. V-았어야/었어야 했는데 p. 59

- 과거에 어떤 일을 하거나 하지 말았어야 했다고 생각하면서 후회함을 나타낸다. Indicates regret about something that you think it should have been done or should not have been done in the past.

ㅏ, ㅗ + -았어야 했는데	가다 → 갔어야 했는데
하다 → 했어야 했는데	운동하다 → 운동했어야 했는데
ㅓ, ㅜ, ㅣ … + -었어야 했는데	먹다 → 먹었어야 했는데

늦잠을 자서 회사에 지각했어요. 일찍 일어났어야 했는데……
시험을 잘 못 봤어요. 공부를 좀 더 열심히 했어야 했는데……
다리가 아파요. 굽이 낮은 구두를 신었어야 했는데……
너무 졸려요. 어제 늦게까지 영화를 보지 말았어야 했는데……

- 문장을 끝내지 않고 연결하여 다른 말을 덧붙일 수도 있다. Can also be used to connect clauses.

일찍 출발했어야 했는데 늦게 출발해서 기차를 놓쳤어요.
아까 이메일을 보냈어야 했는데 깜박 잊어버렸어요.

- 의미 변화 없이 '-았어야/었어야 됐는데'의 형태로도 사용할 수 있다. It can also be used in the form of '-았어야/었어야 됐는데' without changing its meaning.

밖에 비가 와요. 우산을 가지고 왔어야 됐는데…….
오늘 발표할 때 실수를 많이 했어요. 꼼꼼하게 준비했어야 됐는데…….

2. V-자고 하다　　　　　　　　　　　p. 60

- 청유의 문장을 다른 사람에게 전달할 때 사용한다. Used to pass on to another person a suggestion that was made to do something together.

미아 씨가 부산에 갈 때 KTX를 타자고 했어요.
양양 씨는 항상 도서관에서 같이 공부하자고 해요.
어머니가 다 같이 가족사진을 찍자고 하셨어요.

- 부정 청유문의 경우 '-지 말자고 하다'를 사용한다. Use '-지 말자고 하다' for negative suggestions.

친구가 수업 시간에 영어로 이야기하지 말자고 했어요.
유카 씨가 추우니까 오늘은 밖에 나가지 말자고 했어요.

2과 아무리 후회해도 소용없어요
No matter how much you regret it, it's useless

1. 아무리 A/V-아도/어도　　　　　　p. 65

- '아무리'는 정도가 매우 심함을 나타내는 말로 '-아도/어도'와 함께 쓰여 앞의 상황이나 행동의 정도가 심하더라도 뒤의 상황이 발생하거나 행동을 함을 나타낸다. '아무리' is used to indicate the degree of severity. It is used in conjunction with '-아도/어도' to indicate that the following situation or action occurs even though the previous situation or degree of behavior is severe.

ㅏ, ㅗ + -아도	좋다 → 좋아도 자다 → 자도
하다 → 해도	피곤하다 → 피곤해도 잘하다 → 잘해도
ㅓ, ㅜ, ㅣ… + -어도	맛있다 → 맛있어도 먹다 → 먹어도

그 책은 아무리 비싸도 꼭 사야 돼요.
동생한테 여러 번 말했는데 아무리 말해도 제 말을 안 들어요.

게임이 아무리 재미있어도 지금 하면 안 돼요.
내일 날씨가 아무리 추워도 산에 갈 거예요.
중요한 회의니까 아무리 바빠도 꼭 참석하세요.
한국 뉴스를 아무리 들어도 잘 이해할 수 없어요.

2. A/V-잖아요　　　　　　　　　　　p. 66

- 듣는 사람이 알고 있거나 당연한 사실을 알려줄 때 사용한다. 또 상대방이 잘 기억하지 못하는 것을 상기시킬 때도 사용할 수 있다. 구어체 표현으로 일반적으로 가까운 사이에서 쓰거나 말하는 사람보다 아랫사람에게 쓴다. Used to identify what the listener or other people already know, or to remind the other person of something that they can't recall well. It is a spoken language and generally used between people who have a close relationship or directed towards a person of lower social status.

A: 오늘은 운동하러 안 나가요?
B: 덥잖아요. 날이 좀 시원해지면 나가려고요.

A: 귤을 왜 그렇게 많이 샀어요?
B: 요즘 마트에서 할인 행사를 하잖아요.

- 과거에 일어난 일에 대해서 말할 경우에는 '-았잖아요/었잖아요'를 사용한다. When talking about past events, use '-았잖아요/었잖아요'.

A: 우리 냉면 먹으러 갈까?
B: 냉면은 어제 먹었잖아. 오늘은 다른 거 먹자.

A: 지우 씨가 요즘 기분이 안 좋은 것 같아요.
B: 시험에 떨어졌잖아요.

- 명사와 결합하는 경우 현재 시제는 'N(이)잖아요', 과거 시제는 'N이었/였잖아요'를 사용한다. When combined with a noun, use 'N(이)잖아요' for the present tense, and 'N이었/였잖아요' for the past tense.

A: 저 두 사람은 정말 친한 것 같아요. 매일 같이 다녀요.
B: 두 사람이 어렸을 때부터 친한 친구잖아요.

A: 미아 씨가 독일 말을 참 잘하네요.
B: 어머니가 독일 사람이잖아요.

A: 선생님도 팅팅 씨를 아세요?
B: 팅팅 씨도 전에 언어교육원 학생이었잖아요.

A: 새 커피숍이 생겼네요. 옛날에는 여기가 꽃가게였잖아요.
B: 네, 한 달 전에 생겼어요.

문법 해설　**153**

5단원 | 직장 생활 Work Life

1과 집에서 가까워서 다니기가 편해요
It's easy to get to work since it's close to home

1. V – 기(가) A p. 73

- '–기(가)'는 뒤에 형용사를 연결하여 앞에 오는 어떤 행위에 대해 평가할 때 사용한다. '–기(가)' is linked to an adjective that follows it and is used to evaluate/assess the act that precedes it.

  휴대폰이 없으면 친구들과 연락하기 힘들어요.
  이 카페는 조용해서 책 읽기 좋아요.

- 뒤에 올 수 있는 형용사는 '쉽다, 어렵다, 좋다, 나쁘다, 편하다, 불편하다, 힘들다' 등과 같은 평가나 판단을 나타내는 형용사로 제한된다. Adjectives that can follow are limited to ones that indicate evaluation or judgment such as '쉽다, 어렵다, 좋다, 나쁘다, 편하다, 불편하다, 힘들다'.

  컵라면은 준비하기가 빠릅니다. (×)
  떡볶이는 먹기 맵습니다. (×)

2. V –(으)ㄹ까 하다 p. 74

- 어떤 행동을 할 마음이나 생각이 있음을 나타낸다. Indicates that there is an intention or an idea to do something.

| 받침 ×, ㄹ 받침 + –ㄹ까 하다 | 가다 → 갈까 하다 |
| 받침 ○ + –을까 하다 | 먹다 → 먹을까 하다 |

수업 후에 백화점에 갈까 하는데 같이 갈래요?
영화 보기 전에 밥 먼저 먹을까 해요.
저녁에 불고기를 만들까 해요.
방학에 영어 강의를 들을까 해요.

- 완전히 정해진 일에는 사용할 수 없다. It can't be used for things that have been completely decided.

  A: 고향에 가는 비행기 표를 예매했어요?
  B: 네, 금요일에 떠날까 해요. (×)
  　 네, 금요일에 떠날 거예요. (○)

2과 많이 피곤해 보이네요
You look very tired

1. A – 아/어 보이다 p. 79

- 어떤 대상을 보고 그것이 어떠함을 짐작하거나 판단해서 표현할 때 쓴다. Used to estimate or judge what an object is like.

ㅏ, ㅗ + –아 보이다	작다 → 작아 보이다
하다 → 해 보이다	심심하다 → 심심해 보이다
ㅓ, ㅜ, ㅣ … + –어 보이다	넓다 → 넓어 보이다

기분이 나빠 보여요. 무슨 일 있어요?
두 사람이 참 행복해 보이네요.
유카 씨는 나이보다 훨씬 어려 보여요.
그 구두를 신으니까 키가 커 보이네요.
떡볶이가 매워 보이는데 다른 음식을 시킬까요?

2. V – 느라고 p. 80

- 주로 하지 못한 일이나 좋지 않은 결과에 대한 이유나 원인을 나타낼 때 사용한다. It is mainly used to indicate the reason or cause for something not being done or a negative result occurring.

  축구 경기를 보느라고 숙제를 못 했어요.
  음악을 듣느라고 전화 소리를 못 들었어요.
  어머니는 저를 키우느라고 고생을 많이 하셨어요.
  요즘 이사할 집을 찾느라고 너무 바빠요.

- 선행절과 후행절의 주어가 같아야 한다. The subject of the preceding and subsequent clauses must be the same.

  비가 많이 오느라고 학교에 늦었어요. (×)
  친구가 음악을 크게 듣느라고 제가 공부를 못 했어요. (×)

- 어느 정도 시간이 걸리는 동사와 함께 사용된다. 그리고 뒤에 오는 행동이나 상태는 앞선 행동과 시간적으로 겹쳐야 한다. It is used with verbs that take an amount of time. The subsequent actions and conditions must coincide with the preceding actions.

  늦게 일어나느라고 학교에 지각했어요. (×)
  아까 밥을 너무 많이 먹느라고 지금 배가 아파요. (×)

6단원 | 사고 Accident

1과 학교 앞에서 교통사고가 났대요
I heard that there was a traffic accident in front of the school

1. A-대요, V-ㄴ대요/는대요 p. 87

• 다른 사람에게 듣거나 매체를 통해 알게 된 내용을 전달할 때 사용하는 표현으로 '-다고 해요, -ㄴ다고/는다고 해요'의 축약형이다. 주로 구어에서 사용한다. Are abbreviations of '-다고 해요, -ㄴ다고/는다고 해요' and are used to convey information heard or learned through other people or media. It is mainly used when speaking.

	받침 ×	받침 ○
형용사	바쁘다 → 바쁘대요	작다 → 작대요
동사	가다 → 간대요	먹다 → 먹는대요

민준 씨 동생도 키가 크대요.
인터넷에서 봤는데 유자차가 감기에 좋대요.
올가 씨는 아침에 항상 커피를 마신대요.
케빈 씨는 한국 음악을 자주 듣는대요.
기웅 씨는 김밥을 만들 줄 안대요.

• 전달하는 내용이 과거 시제일 때는 '-았대요/었대요'를 사용한다. Use '-았대요/었대요' when conveying information that occurred in the past.

다쿠야 씨는 지난주에 일이 많아서 힘들었대요.
민준 씨는 어렸을 때 김치를 잘 못 먹었대요.
유카 씨가 어제 본 시험이 좀 어려웠대요.
호세 씨는 노래방에서 2시간 동안 노래를 불렀대요.

• 명사와 결합하는 경우 전달하는 내용이 현재 시제일 때는 '-(이)래요'를 사용하고, 과거 시제일 때는 '-였대요/이었대요'를 사용한다. When combined with a noun, use '-(이)래요' for the present tense, and '-였대요/이었대요' for the past tense.

에밀리 씨의 언니는 기자래요.
저기 보이는 집이 투이 씨 집이래요.
지우 씨가 어렸을 때 제일 좋아한 음식은 떡볶이였대요.
10년 전에 이곳은 공원이었대요.

2. V-다가 p. 88

• 앞선 동작이나 상태가 뒤따라오는 부정적인 상황의 원인이나 근거가 됨을 나타낸다. Indicates that the previous action or condition is the cause or basis of the negative situation that follows.

학교에 오다가 가방을 잃어버렸어요.
버스에서 졸다가 명동역을 지나갔어요.

• 일반적으로 선행절의 주어와 후행절의 주어는 같다. Generally, the subject of the preceding and subsequent clauses is the same.

저는 음식을 만들다가 친구가 손을 다쳤어요. (×)
저는 음식을 만들다가 (저는) 손을 다쳤어요. (○)

• '-다가'는 '-다'로 줄여서 쓸 수 있다. '-다가' can be abbreviated as '-다'.

축구를 하다가 다리를 다쳤어요. (○)
축구를 하다 다리를 다쳤어요. (○)

2과 미아 씨가 많이 아픈 모양이에요
I guess Mia is very sick

1. A-(으)ㄴ 모양이다, V-는 모양이다 p. 93

• 어떠한 근거를 바탕으로 현재 일어나고 있는 상황을 추측할 때 쓴다. Used to guess the situation that is taking place based on some grounds.

	받침 ×	받침 ○
형용사	크다 → 큰 모양이다	작다 → 작은 모양이다
동사	가다 → 가는 모양이다	읽다 → 읽는 모양이다

아딜라 씨가 약을 먹고 있어요. 아픈 모양이에요.
호세 씨는 매일 약속이 있어요. 친구가 많은 모양이에요.
다쿠야 씨가 전화를 안 받네요. 샤워하는 모양이에요.
여러 번 불렀는데 대답이 없네요. 방에서 음악을 듣는 모양이에요.
학생들 얼굴이 밝네요. 시험이 쉬운 모양이에요.
냄새가 좋네요. 음식을 만드는 모양이에요.

• 동사의 경우 과거에 일어난 상황에 대해 추측할 때에는 '-(으)ㄴ 모양이다'를 사용한다. For verbs, use '-(으)ㄴ 모양이다' when guessing what happened in the past.

에바 씨가 요즘 기분이 안 좋아요. 남자 친구와 싸운 모양이에요.
다쿠야 씨가 오늘 저녁을 산대요.. 월급을 받은 모양이에요.
양양 씨가 계속 웃고 있어요. 좋은 소식을 들은 모양이에요.
올가 씨 눈이 부었어요. 운 모양이에요.

- 명사와 결합하는 경우에는 '인 모양이다'를 사용한다. Use '인 모양이다' when combined with a noun.

여기 에밀리 씨 책이 있어요. 여기가 에밀리 씨 자리인 모양이에요.
밖이 시끄럽네요. 쉬는 시간인 모양이에요.

- '-(으)ㄴ 모양이다', '-는 모양이다'는 주변 상황이나 분위기 등을 보고 그것을 통해 그럴 것이라고 짐작하는 경우에 쓴다. 그러므로 말하는 사람이 직접 경험한 사실을 표현할 때는 쓰지 않는다. '-(으)ㄴ 모양이다', '-는 모양이다' are used to assume something upon looking at the surrounding situation or atmosphere. Therefore, it is not used to express a fact that the speaker has experienced in person.

저 영화는 항상 매진이에요. 정말 재미있는 모양이에요. (○)
저 영화를 봤는데 정말 재미있는 모양이에요. (×)

2. V-는 중이다, N 중이다   p. 94

- 어떤 일이 진행되고 있음을 나타낸다. Indicate that something is going on.

회의를 준비하는 중입니다. 조금만 기다려 주세요.
학교에서 가깝고 싼 집을 찾는 중이에요.
지금 김밥을 만드는 중인데 지우 씨도 먹을래요?
청소 중이니까 이따가 얘기해요.
요즘은 방학 중이라서 학교에 안 갑니다.

7단원 | 문병 Visiting a Sick Person

1과 오늘 문병 간다면서요?
I heard you're going to visit someone in a hospital?

1. A-다면서요, V-ㄴ다면서요/는다면서요?   p. 101

- 여러 경로를 통해 이미 알고 있는 사실을 상대방에게 확인하여 물을 때 사용한다. Used to confirm with someone by checking facts already known through various channels.

	받침 ×	받침 ○
형용사	바쁘다 → 바쁘다면서요	작다 → 작다면서요
동사	가다 → 간다면서요	먹다 → 먹는다면서요

요즘 과일 값이 비싸다면서요?
남대문 시장에 가면 싸고 좋은 옷이 많다면서?
매운 음식을 별로 안 좋아한다면서요?
다쿠야 씨가 사진을 잘 찍는다면서요?
친구한테 들었는데 학교 근처에 산다면서?

- 확인하는 내용이 과거 시제일 때는 '-았다면서요/었다면서요?'를 사용한다. Use '-았다면서요/었다면서요?' for the past tense.

ㅏ, ㅗ + -았다면서요	좋다 → 좋았다면서요 보다 → 봤다면서요
하다 → 했다면서요	따뜻하다 → 따뜻했다면서요 운동하다 → 운동했다면서요
ㅓ, ㅜ, ㅣ… + -었다면서요	맛있다 → 맛있었다면서요 만들다 → 만들었다면서요

어제 본 시험이 어려웠다면서요?
어렸을 때 태권도를 배웠다면서요?

- 명사와 결합하는 경우 확인하는 내용이 현재 시제일 때는 '(이)라면서요?'를 사용하고, 과거 시제일 때는 '였다면서요/이었다면서요?'를 사용한다. When combined with a noun, use '(이)라면서요?' for the present tense, and '였다면서요/이었다면서요?' for the past tense.

	받침 ×	받침 ○
명사	의사다 → 의사라면서요	생일이다 → 생일이라면서요
	의사였다 → 의사였다면서요	생일이었다 → 생일이었다면서요

지우 씨 고향이 제주도라면서요?
전시회 입장료가 만 원이라면서요?
오늘 낮 기온이 35도였다면서요?
어릴 때 꿈이 군인이었다면서요?

2. V-(으)려면 p. 102

• 어떤 일을 하고자 하는 의도나 의향이 있음을 가정할 때 사용한다. Used to assume that there is a plan or intention to do something.

받침 ×, ㄹ 받침 + -려면	사다 → 사려면
받침 ○ + -으려면	먹다 → 먹으려면

언어교육원에 등록하려면 사진이 필요해요.
불고기를 맛있게 만들려면 좋은 고기를 사야 돼요.
스트레스를 안 받으려면 어떻게 해야 돼요?
오래 걸으려면 운동화를 신는 게 좋아요.

V-(으)려면	의도나 의향을 나타내는 연결 어미로 후행절에는 주로 이런 의도나 의향을 실현할 수 있는 조건이 나온다. 따라서 후행절에는 명령이나 청유, 당위를 나타내는 표현이 주로 사용된다. A connective ending that expresses a plan or intent, and the subsequent clause usually states a condition that allows for such a plan or intention to be realized. Therefore, in the subsequent clause, an order, suggestion, or duty is usually used. 예) 명동에 가려면 4호선을 타야 돼요. 　　선생님을 만나려면 사무실로 가세요.
V-(으)면	어떤 사실을 가정하여 말하거나 조건을 나타낼 때 사용하는 연결 어미로 후행절에는 가정한 사실이 현실이 되었을 때의 결과나 조건이 충족되었을 때의 결과가 주로 나온다. A connective ending used to assume a fact or condition which is usually realized or met in the subsequent clause. 예) 명동에 가면 싸고 좋은 옷을 살 수 있을 거예요. 　　선생님을 만나면 물어보고 싶은 것이 있어요.

2과 택시 타고 다니면 돼요
I can just take a taxi

1. V-(으)면 되다 p. 107

• 어떤 일에 대한 해결 방법을 설명할 때 사용한다. Used to describe a solution to something.

받침 ×, ㄹ 받침 + -면 되다	가다 → 가면 되다
받침 ○ + -으면 되다	먹다 → 먹으면 되다

공연이 일곱 시에 시작하니까 30분 전에 극장에 도착하시면 돼요.
보고서는 다음 주까지 내면 돼요.
여권을 잃어버리면 신고하고 다시 만들면 돼요.
요리할 때 소금이 없으면 간장을 넣으면 돼요.
버스나 지하철에서 음악을 듣고 싶으면 이어폰을 끼고 들으면 돼요.

2. N(이)나 p. 108

• 만족스럽지는 않지만 괜찮은 정도의 차선의 선택임을 나타내거나 가벼운 제안을 할 때 사용한다. '(이)나' is used to indicate that something is not satisfactory but is a good alternative, or to make light suggestions.

받침 ×	식사 → 식사나
받침 ○	밥 → 밥이나

오늘은 피곤해서 낮잠이나 잘까 해요.
밥이 없으니까 라면이나 먹으려고 해요.
다음에 만나면 차나 한잔해요.
오늘 수업 끝나고 시간 있으면 같이 게임이나 할까요?

8단원 | 기념일 Anniversary

1과 태극기가 걸려 있네요
The Korean flag is hanging

1. V-아/어 있다 p. 115

• 어떤 동작이 끝난 후 그 상태가 계속 유지됨을 나타낸다. Indicates that the state of an action is maintained after the action is completed.

ㅏ, ㅗ + -아 있다	앉다 → 앉아 있다
하다 → 해 있다	입원하다 → 입원해 있다
ㅓ, ㅜ, ㅣ …… + -어 있다	닫히다 → 닫혀 있다

아직 해야 할 일이 남아 있어요.
사무실에 손님이 와 있어요.

찻길에 서 있으면 위험해요.
게시판에 안내문이 붙어 있어요.
저기 걸려 있는 셔츠 좀 보여 주세요.
휴일인데 소파에 누워 있지 말고 밖에 나가자.

2. A-(으)ㄴ지 알다/모르다, V-는지 알다/모르다 p. 116

- '무엇, 누구, 어디, 언제' 등의 의문사와 함께 쓰여 모르는 것에 대해 묻거나 대답할 때 사용한다. Used with interrogatives such as '무엇, 누구, 어디, 언제' to ask or answer something you don't know.

	받침 ×	받침 ○
형용사	크다 → 큰지 알다/모르다	좋다 → 좋은지 알다/모르다
동사	가다 → 가는지 알다/모르다	먹다 → 먹는지 알다/모르다

A: 옷을 좀 사고 싶은데 어디가 싼지 알아요?
B: 동대문시장에 가 보세요.

A: 로렌 씨 생일 선물로 뭘 사 주면 좋을까요?
B: 저도 로렌 씨가 뭘 좋아하는지 모르겠어요.

- '있다/없다'로 끝나는 형용사는 '-는지 알다/모르다'를 사용한다. Use '-는지 알다/모르다' for adjectives ending in '있다/없다'.

A: 라면 끓일 때 뭘 넣으면 맛있는지 알아요?
B: 치즈나 계란을 넣으면 더 맛있어요.

- 과거에 일어난 일에 대해서 말할 경우에는 '-았는지/었는지 알다/모르다'를 사용한다. Use '-았는지/었는지 알다/모르다' for the past tense.

A: 양양 씨가 몇 시 기차를 탔는지 알아요?
B: 10시 기차를 탔을 거예요.

- 명사와 결합하는 경우 현재 시제는 'N인지 알다/모르다'를 사용하고, 과거 시제는 'N였는지/이었는지 알다/모르다'를 사용한다. When combined with a noun, use 'N인지 알다/모르다' for the present tense, and 'N였는지/이었는지 알다/모르다' for the past tense.

A: 저기 서 있는 사람이 누구인지 알아요?
B: 저 사람요? 우리 반 유카 씨예요.

A: 호세 씨가 몇 살이지요?
B: 몇 살인지 저도 잘 몰라요.

A: 어렸을 때 지우 씨 별명이 뭐였는지 알아요?
B: 이름 때문에 지우개였대요.

A: 유카 씨, 지난번 여행 갔을 때 우리가 먹은 음식이 뭐였어요?
B: 글쎄요. 맛있었는데 저도 무슨 음식이었는지 잘 모르겠어요.

2과 결혼한 지 5년 됐어요
I've been married for 5 years

1. V-(으)ㄴ 지 N이/가 되다 p. 121

- 어떤 일이 있은 후 시간이 얼마나 경과되었는지를 나타내며 질문할 때는 'N이/가' 대신 '얼마나'를 사용한다. Used to indicate how much time has elapsed since something happened. When asking questions, '얼마나' is used instead of 'N이/가'.

받침 ×, ㄹ 받침 + -ㄴ 지	가다 → 간 지
받침 ○ + -은 지	먹다 → 먹은 지

저는 중국어를 가르친 지 2년이 됐어요.
점심을 먹은 지 30분 됐어요.
팅팅 씨를 안 지 얼마나 됐어요?
저도 그 이야기를 들은 지 며칠 됐어요.

2. V-기로 하다 p. 122

- 어떤 일을 할 것을 약속하거나 결정, 결심함을 나타낸다. Indicates a commitment, decision, or determination to do something.

주말에 친구하고 같이 볼링을 치기로 했어요.
나중에 퇴직하면 아내와 시골에서 살기로 했어요.
내일부터 일찍 일어나기로 했어요.
앞으로 굽이 높은 구두는 안 신기로 했어요.

- 상황에 따라 '하다' 대신 '약속하다', '결심하다' 등의 동사를 사용할 수 있다. Depending on the situation, you can use verbs such as '약속하다' or '결심하다' instead of '하다'.

화요일에 김 선생님과 만나기로 약속했어요.
수업 시간에 늦지 않기로 결심했어요.

9단원 | 꿈 Dreams

1과 선생님이 되려고 한국어를 배워요
I'm learning Korean to become a teacher

1. V-(으)려고 V
p. 129

- 어떤 일을 하고자 하는 의도나 목적을 나타낼 때 사용한다. Used to indicate an intention or purpose to do something.

받침 ×, ㄹ 받침 + -려고	사다 → 사려고
받침 ○ + -으려고	먹다 → 먹으려고

해외여행을 가려고 여권을 만들었어요.
불고기를 만들려고 고기를 샀어요.
봄꽃 사진을 찍으려고 공원에 갔어요.
음악을 들으려고 라디오를 켰어요.

V-(으)려고	뒤에 오는 동사에 제약이 없다. There is no restriction on the verbs that follow. 예) 선생님을 만나려고 왔어요. (○) 저녁에 먹으려고 라면을 샀어요. (○) 후행절에는 명령이나 청유, 당위를 나타내는 표현을 사용하지 않는다. Do not use the expression for commands, suggestions, or duty in the subsequent clause. 예) 교과서 사려고 가자. (×) 수업 신청하려고 오세요. (×)
V-(으)러	뒤에 '가다, 오다, 다니다' 등 이동 동사만 쓸 수 있다. Only verbs related to movement can be used such as '가다, 오다, 다니다'. 예) 선생님을 만나러 왔어요. (○) 저녁에 먹으러 라면을 샀어요. (×) 후행절의 제약이 없다. There is no restriction on the subsequent clause. 예) 교과서 사러 가자. (○) 수업 신청하러 오세요. (○)

2. A-다면, V-ㄴ다면/는다면, N(이)라면
p. 130

- 어떤 상황을 가정하여 그 조건에 따라 어떤 행위를 하거나 그러한 상태에 있음을 나타낼 때 사용한다. '만일(에)'나 '만약(에)'와 자주 쓰인다. Used to presume a situation where a subsequent action or condition is the result of the presumed situation. It is often used with '만일(에)' or '만약(에)'.

	받침 ×	받침 ○
형용사	비싸다 → 비싸다면	좋다 → 좋다면
동사	가다 → 간다면	먹다 → 먹는다면
명사	친구다 → 친구라면	학생이다 → 학생이라면

물가가 싸다면 좀 더 살기 좋을 거예요.
만약 한국 친구가 많다면 한국어를 더 잘할 수 있을 것 같은데요.
만일 운전 면허증을 딴다면 차를 사고 싶어요.
네 목소리를 듣는다면 힘이 날 것 같아.
따뜻한 나라에 산다면 감기에 걸리지 않을 거예요.
만약 네가 나라면 어떻게 할 것 같아?
지금이 방학이라면 길게 여행을 갈 수 있을 거예요.

V-다면	실현 가능성이 낮거나 사실이 아닌 경우에 사용한다. Used when probability is low or something is not true. 예) 우주여행을 하게 된다면 정말 재미있을 거야.
V-(으)면	실현 가능성이 높을 때 주로 조건의 의미로 사용한다. Used mainly to mean that the feasibility of a condition is high. 예) 제주도에 가면 해산물을 꼭 먹어 봐.

2과 장학금을 받았으면 좋겠어요
It would be good to get a scholarship

1. A/V-거든요
p. 135

- 상대방이 모르는 사실이나 이유를 설명할 때 사용한다.
Used to explain facts or reasons unknown to the listener.

A: 수업 끝나고 같이 밥 먹을래요?
B: 오늘은 일찍 집에 가서 쉬려고 해요. 머리가 좀 아프거든요.

A: 이번 주말에도 여자 친구 만나요?
B: 이번 주말에는 못 만나요. 숙제가 많거든요.

A: 방학 때 뭐 할 거예요?
B: 이번 방학 때 부산에 갈까 해요. 친구가 부산에 살거든요.

- 과거에 일어난 일에 대해서 말할 경우에는 '-았거든요/었거든요'를 사용한다. Use '-았거든요/었거든요' for the past tense.

    A: 11시밖에 안 됐는데 벌써 점심을 먹어요?
    B: 아침을 못 먹었거든요.

- 명사와 결합하는 경우 현재 시제는 '(이)거든요', 과거 시제는 '이었거든요/였거든요'를 사용한다. When combined with a noun, use '(이)거든요' for the present tense, and '이었거든요/였거든요' for the past tense.

    A: 에밀리 씨의 전화번호를 알아요?
    B: 로렌 씨가 알 거예요. 로렌 씨는 에밀리 씨의 룸메이트거든요.

    A: 내일 학교에 가야 되는데 왜 아직 안 자?
    B: 내일은 학교에 안 가도 돼요. 개교기념일이거든요.

    A: 주말에 뭐 했어요?
    B: 지난 주말에 친구들과 파티를 했어요. 팅팅 씨의 생일이었거든요.

    A: 어머니가 생일 선물로 책을 주셨다면서요?
    B: 네. 책을 받았을 때 좀 실망했어요. 제가 받고 싶은 것은 시계였거든요.

2. A/V –았으면/었으면 좋겠다   p. 136

- 일어나지 않은 일에 대한 희망이나 바람을 나타낼 때 사용한다. Used to express hope or wishes for something that has not happened.

ㅏ, ㅗ + 았으면 좋겠다	받다 → 받았으면 좋겠다
하다 → 했으면 좋겠다	잘하다 → 잘했으면 좋겠다
ㅓ, ㅜ, ㅣ… + 었으면 좋겠다	넓다 → 넓었으면 좋겠다

방이 좀 밝았으면 좋겠어요.
회의가 빨리 끝났으면 좋겠어요.
시험 기간에 도서관이 조용했으면 좋겠어요.
그 사람도 저를 좋아했으면 좋겠어요.
한국 친구가 많이 있었으면 좋겠어요.
주말에는 좀 쉬었으면 좋겠어요.

- 명사와 결합하는 경우 '이었으면/였으면 좋겠다'를 사용한다. When combined with a noun, use '이었으면/였으면 좋겠다'.

저는 성격이 좀 적극적이었으면 좋겠어요.
그 사람이 제 남자 친구였으면 좋겠어요.

듣기 지문 Listening Transcript

1단원 | 정보 Information

1과 사진 전시회를 한다고 해요

1. 여자는 오늘 무엇을 할 것입니까?
잘 듣고 순서대로 번호를 쓰세요. Track 04

남자 투이 씨, 오늘 바빠요? 오후에 꽃 시장 구경 갈 건데 시간 되면 같이 가요.
여자 좋아요. 그런데 몇 시쯤 출발할 거예요?
남자 점심 먹고 나서 2시쯤 출발하려고요.
여자 그럼 2시에 버스 정류장에서 만나요.
남자 투이 씨는 점심 안 먹을 거예요?
여자 저는 도서관에 갔다 와야 돼서요. 간단하게 빵 사 먹고 나서 도서관 가려고요.
남자 알겠어요. 그럼 구경하고 나서 맛있는 거 먹어요. 제가 불고기 맛있는 집을 알아요.
여자 좋아요. 그럼 이따가 봐요.

2. 잘 듣고 빈칸을 채우세요. Track 05

1) 여자 친구한테 들었는데 태권도를 무료로 가르쳐 주는 행사가 있다고 해요.
남자 태권도요? 배워 보고 싶었는데 잘됐네요. 언제인데요?
여자 6월 20일이라고 했어요. 오후 2시부터 체육관에서 하고요.
남자 6월 20일이면 다음 주 화요일이지요? 화요일에는 오후 수업이 없으니까 한번 가 볼까요? 어떻게 신청해야 돼요?
여자 홈페이지에서 신청하면 돼요. 50명까지만 신청 받는다고 하니까 우리 서둘러요.

2) 남자 에밀리 씨, 여기 좀 보세요. 서울 시청에서 장난감 전시회를 한다고 해요.
여자 아, 그 전시회요? 제 친구가 지난주에 갔다 왔는데 귀엽고 예쁜 장난감이 정말 많다고 했어요. 그리고 입장료도 별로 안 비싸다고 했어요.
남자 여기 보니까 성인은 9,000원이네요. 에밀리 씨, 재미있을 것 같은데 같이 가요.
여자 그럴까요? 장소가 어디라고 했지요?
남자 서울 시청요. 5월 15일까지 하니까 이번 주말에 같이 가요.

3. 잘 듣고 질문에 답하세요. Track 06

여자 문화 센터에서 요리를 배우고 싶은데 혼자 배우면 재미없을 것 같아요. 같이 배울 사람 없을까요?
남자 다쿠야 씨가 요리에 관심이 많다고 했는데 한번 물어보세요.
여자 벌써 물어봤는데 요즘 회사에 일이 많아서 시간이 없다고 하네요. 양양 씨는 어때요? 요리 배워 보고 싶지 않아요?
남자 글쎄요. 전 음식 만드는 것보다 먹는 걸 더 좋아해서요.
여자 신청 기간이 다음 주까지니까 한번 생각해 보세요. 외국인을 대상으로 하는 수업이라서 설명을 쉽게 해 준다고 했어요.
남자 미안해요. 저는 밖에 나가서 축구하거나 자전거 타는 게 더 좋아요. 요리는 제 성격에 안 맞는 것 같아요.
여자 하하. 알겠어요. 다른 사람 찾아볼게요.

2과 텔레비전을 재활용 센터에 팔았다고 해요

1. 잘 듣고 회식에 왜 못 가는지 연결하세요. Track 10

남자 1 오늘 금요일인데 저녁에 회식할까요?
여자 1 죄송합니다, 부장님. 저는 오늘 회식 못 갈 것 같습니다. 내일 새벽에 여행을 가기 때문에 집에 일찍 가서 준비해야 합니다.
남자 1 그럼 김 대리는 안 되고 박 대리는 어때요?
남자 2 저는 친구가 오늘 저녁에 결혼을 하기 때문에 꼭 가 봐야 합니다.
남자 1 그래요? 그럼 가 봐야지요.
여자 2 부장님, 저도 오늘 고향에서 부모님이 오시기 때문에 서울역에 가야 되는데 회식은 다음에 하는 게 어떨까요?
남자 1 그럼 할 수 없지요. 지우 씨는 부모님과 즐거운 시간 보내고 다른 분들도 주말 잘 보내세요.
여자 1, 2, 남자 2 네, 부장님도 주말 잘 보내세요.

2. 잘 듣고 맞으면 ○, 틀리면 × 하세요. Track 11

여자 1 안녕? 난 오늘부터 이 방에서 같이 지내게 된 미아라고 해.
여자 2 반가워. 난 수지야. 내가 이쪽 침대를 쓰고 있으니까 넌 저 침대를 쓰면 돼.

여자 1 알겠어. 그런데 식당은 어디에 있어?
여자 2 식당은 1층에 있고 저녁 8시까지 밥을 먹을 수 있어. 그리고 쓰레기 버리는 곳은 지하 1층에 있어.
여자 1 여기도 분리수거 하지?
여자 2 응. 플라스틱이나 종이처럼 재활용할 수 있는 쓰레기는 따로 버려야 돼. 재활용이 안 되는 쓰레기는 쓰레기봉투를 사서 버려야 하고.
여자 1 쓰레기봉투는 어디에서 살 수 있는데?
여자 3 기숙사 옆 편의점에서 팔아. 아! 그리고 음식물은 음식물 쓰레기봉투를 사서 버려야 돼.
여자 1 아, 그래. 고마워.

3. 잘 듣고 질문에 답하세요. Track 12

여자 저는 지금 외국인 유학생을 위한 취업 설명회장에 나와 있습니다. 이틀 동안 여러 나라에서 온 유학생 2,500명이 참가했다고 하는데요. 중국인 유학생 양양 씨와 이야기를 해 보겠습니다. 안녕하세요?
남자 네, 안녕하세요?
여자 이 행사를 어떻게 알고 오셨어요?
남자 대학교 게시판에서 보고 관심이 있어 오게 되었습니다.
여자 왜 한국 회사에 취직하고 싶은가요?
남자 저는 한국 문화를 좋아해서 유학까지 오게 됐는데 유학 생활을 하면서 한국 회사에도 관심이 생겼습니다. 그래서 한국 회사에서 일해 보고 싶습니다.
여자 네, 감사합니다.
유학생들은 두 나라의 문화에 모두 익숙하기 때문에 한국의 직장 생활에 빨리 적응하고 한국 회사가 외국 회사와 일을 할 때에 많은 도움을 준다고 합니다. 지금까지 외국인 유학생 취업 설명회장에서 전해 드렸습니다.

2단원 | 만남 Meeting

1과 유학생 모임에 같이 갈래요?

1. 잘 듣고 각각 무슨 메뉴를 골랐는지 연결하세요. Track 16

남자 1 이 식당은 메뉴가 다양해서 제가 자주 오는 곳이에요. 팅팅 씨는 처음이지요?
자, 여기 메뉴 보고 고르세요. 팅팅 씨는 뭐 먹을래요?
여자 1 음……. 저는 비빔밥 먹을래요. 에바 씨는요? 에바 씨도 비빔밥 좋아하죠?
여자 2 비빔밥을 좋아하기는 하지만 오늘은 새로운 음식을 먹어 보고 싶어요. 민준 씨, 여기 돈가스 맛있어요?
남자 1 네, 맛있어요. 전 돈가스 먹으려고요.
여자 1 그럼 저도 같은 걸로 시킬래요. 케빈 씨는 골랐어요?
남자 2 저는 면을 좋아하는데 이 집 냉면이 맛있어요?
남자 1 이 식당은 냉면보다 칼국수가 더 맛있어요.
남자 2 그럼 칼국수 먹을래요.

2. 잘 듣고 질문에 답하세요. Track 17

여자 1 나 어제 도서관에서 정말 마음에 드는 남자를 봤어.
여자 2 그래? 그럼 그 남자하고 얘기 좀 해 보지 그랬어?
여자 1 얘기해 봤지.
여자 2 뭐라고 했는데?
여자 1 같이 커피 한잔 마실 수 있느냐고 물어봤는데 그 남자가 웃으면서 좋다고 했어.
여자 2 어머, 그래서?
여자 1 커피 마시면서 지금 여자 친구 있느냐고 물어봤는데 없다고 했어.
여자 2 잘됐네. 그 남자 몇 학년이야? 도서관에서 만났으니까 우리 학교 학생일 것 같은데.
여자 1 맞아. 그래서 내가 몇 학년이냐고 물어보니까 3학년이라고 했어.

3. 잘 듣고 맞는 것을 고르세요. Track 18

남자 1 얘들아, 다음 주부터 아빠랑 엄마 여름휴가인데, 어디 갈래?
여자 전 산에 가고 싶어요. 여름에는 산이 제일 시원해요.
남자 2 전 산 싫어요. 바다에 가서 수영할래요.
남자 1 그럼 산도 있고 바다도 있는 강원도에 갈까?
여자, 남자 2 좋아요.
남자 1 가서 뭐 하고 싶어?
남자 2 전 바다에서 수영도 하고 바나나 보트도 탈래요.
여자 전 산에서 캠핑하고 싶어요. 캠핑하면서 고기도 구워 먹고 밤에 별도 구경할래요.
남자 1 그래. 그럼 빨리 캠핑장부터 알아보자. 아빠가 전화해서 자리가 있느냐고 물어볼게.

2과 까만 모자를 쓰고 있어요

1. 잘 듣고 사진 속에서 양양 씨를 고르세요. Track 22

1) 여자 이거 양양 씨 어렸을 때 사진이에요?
   남자 네. 유치원 때 소풍 가서 찍은 거예요.
   여자 여기 가방을 메고 있는 아이가 양양 씨지요? 너무 귀엽네요.
   남자 하하. 가방을 멘 아이는 제 친구고 그 옆에 안경을 끼고 있는 아이가 저예요.

2) 여자 이 사진 재미있네요. 그런데 누가 양양 씨예요? 잘 모르겠어요.
   남자 목도리를 매고 있는 아이가 저예요.
   여자 여기 까만색 목도리 매고 모자 쓰고 있는 아이요?
   남자 아니요. 목도리만 하고 있는 아이요. 전 어릴 때 모자 쓰는 걸 별로 안 좋아했어요.

2. 잘 듣고 질문에 답하세요. Track 23

남자 지우 씨, 아직 멀었어요?
여자 아니요. 조금만 더 올라가면 돼요. 힘내세요.
남자 와! 올라와서 보니까 정말 아름답네요. 봄에 왔을 때와는 느낌이 또 달라요.
여자 그렇지요? 봄에 꽃이 핀 산도 아름답지만 저는 가을 산이 제일 아름다운 것 같아요. 그리고 이렇게 빨갛고 노란 나뭇잎을 보고 있으면 기분이 좋아져요.
남자 하하. 그래요? 참, 한국 친구가 겨울에도 산이 예쁘다고 했는데 정말 그런가요?
여자 그럼요. 겨울에 눈이 내리면 온 세상이 하얘져서 아름답지요.
남자 그럼 나중에 눈 내리면 다시 와요. 고향에 돌아가기 전에 겨울 산도 꼭 한 번 보고 싶어요.

3. 잘 듣고 질문에 답하세요. Track 24

여자 저기 밖에 똑같은 장갑을 끼고 있는 두 사람 좀 봐. 너무 귀엽지?
남자 그렇네.
여자 신고 있는 운동화도 색깔만 다르고 같은 디자인이야.
남자 하하. 정말 신발까지 같은 걸로 신고 있네. 그런데 저런 거 별로 안 좋아하지 않았어? 내가 전에 커플 티셔츠를 선물했을 때…….
여자 아, 그때는 둘이 똑같은 옷을 입는 게 좀 부끄러웠어. 다른 사람들이 우리만 보는 것 같아서 말이야.
남자 그럼 지금은?
여자 저 두 사람이 신고 있는 운동화처럼 디자인만 같고 색깔이 다른 건 괜찮은 것 같아.
남자 그럼 차 다 마시고 나서 우리도 하나 사러 갈까?
여자 그래. 그러자.

3단원 | 소비 Consumption

1과 인터넷으로 사면 얼마나 편리한데요

1. 아이들은 무엇을 할 것입니까?
잘 듣고 고르세요. Track 28

남자 저기 떡볶이 파는데 먹고 갈까?
여자 안 돼. 엄마가 길에서 파는 음식 사 먹지 말라고 하셨어.
남자 그럼 더우니까 편의점에서 아이스크림 사 먹을까?
여자 나 감기에 걸렸어. 그래서 엄마가 아이스크림 먹지 말라고 하셨어. 그리고 엄마가 학교 끝나면 집에 와서 숙제 먼저 하라고 하셨어. 우리 집에 가서 같이 숙제하자.
남자 그래. 그러자.

2. 잘 듣고 맞으면 ○, 틀리면 × 하세요. Track 29

남자 누나, 택배 왔어. 또 뭐 샀어?
여자 응, 겨울에 입을 옷이 없어서.
남자 옷장에 옷이 얼마나 많은데.
여자 작년보다 살쪄서 안 맞는 옷 있고 버려야 할 옷도 있어서 샀어. 네 것도 샀으니까 입어 봐.
남자 난 필요 없는데……. 미안해서 내 것도 산 거지?
여자 하하, 어떻게 알았어?
남자 으이구, 그런데 뭘 이렇게 많이 샀어?
여자 오만 원 이상 사면 배송비가 무료라고 해서.
남자 알았어. 고마워.

3. 잘 듣고 질문에 답하세요. Track 30

남자 어제 왜 학교에 안 왔어요?

여자　병원에 갔다 왔어요. 요즘 계속 피곤하고 속이 안 좋아서요.
남자　의사가 뭐라고 했어요?
여자　술을 많이 마시냐고 해서 조금밖에 안 마신다고 했어요.
남자　다른 얘기는 없었어요?
여자　아마 스트레스 때문에 그런 것 같다고 해요. 그래도 자세하게 검사를 해야 하니까 금요일 오전에 다시 오라고 했어요.
남자　검사하기 전에는 밥을 먹으면 안 되지요?
여자　네, 목요일 저녁부터 음식도 먹지 말고 물도 마시지 말라고 했어요. 그런데 좀 걱정돼요.
남자　별일 없을 거예요. 너무 걱정하지 마세요.

2과 이 티셔츠는 하얀색밖에 없는데요

1. 잘 듣고 알맞은 그림을 고르세요.　　Track 34

1) 여자　와! 사람 많다! 호세 씨, 좀 기다려야 될 것 같아요.
　남자　정말 인기가 많은 식당이네요.

2) 여자　음! 정말 맛있다! 호세 씨, 이거 한번 먹어 볼래요?
　남자　네, 조금만 먹어 볼게요.

3) 여자　어! 눈이다! 호세 씨, 창밖을 보세요.
　남자　와! 눈이 꽤 많이 오네요.

2. 잘 듣고 질문에 답하세요.　　Track 35

남자　와, 날씨 좋다! 에바, 날씨도 좋은데 우리 공부 그만하고 어디 갈까?
여자　좋아. 열심히 공부했으니까 좀 쉬자. 어디 가고 싶은데?
남자　이런 날씨에는 바다에 가면 좋은데. 우리 인천에 갈까?
여자　좀 멀지 않아?
남자　아니야. 지하철 타면 30분밖에 안 걸려.
여자　그래, 좋아. 아침부터 도서관에만 있어서 머리가 좀 아팠는데 잘됐다.
남자　그럼 빨리 출발하자.
여자　응. 잠깐만 기다려 줘. 책 좀 가지고 나올게.

3. 잘 듣고 맞으면 ○, 틀리면 × 하세요.　　Track 36

남자　어서 오세요.
여자　저, 며칠 전에 여기서 남편 셔츠를 하나 샀는데 좀 작아서요. 바꿀 수 있죠?
남자　그럼요. 영수증 가져오셨죠?
여자　네, 여기 있어요.
남자　한 사이즈 큰 걸로 교환해 드릴까요?
여자　네. 그런데 남편이 색깔도 어두워서 별로 마음에 안 든다고 해요.
남자　그럼 다른 셔츠로 골라 보시겠어요?
여자　네. 어, 이거 괜찮다! 이 하얀색 셔츠는 얼마예요?
남자　그건 5천 원 더 비싸요.
여자　괜찮아요. 그거로 주세요.

4단원 | 후회 Regret

1과 일찍 출발했어야 했는데

1. 다음 중 가방에 넣지 않은 것은 무엇입니까? 잘 듣고 고르세요.　　Track 40

여자 1　여행 준비는 다 했어?
여자 2　지금 하고 있어요, 엄마. 치약하고 칫솔 좀 주세요.
여자 1　그런 건 호텔에 있을 거야.
여자 2　요즘 환경 보호 문제 때문에 일회용품을 안 주는 호텔도 많아요.
여자 1　그럼 이거 가져가. 그런데 등산화는 왜 넣었어?
여자 2　친구들이 산에 가자고 해서요.
여자 1　일기 예보 못 봤어? 제주도는 요즘 계속 비가 온다고 했어.
여자 2　그래요? 그럼 등산화는 빼고 우산을 가져갈게요.

2. 잘 듣고 질문에 답하세요.　　Track 41

여자　양양 씨, 오래 기다렸지요?
남자　괜찮아요. 저도 조금 전에 와서 커피 마시고 있었어요. 그런데 무슨 일 있었어요?
여자　휴대폰을 버스에 놓고 내린 것 같아요. 내릴 때 잘 봤어야 했는데……
남자　아이고, 어떡해요? 제가 에바 씨 번호로 전화 한번 해 볼까요?
여자　소리를 무음으로 해서 받는 사람이 없을 거예

요. 무음으로 하지 말았어야 했는데…….
남자 몇 번 버스였어요?
여자 12번요.
남자 아, 그 버스는 종점이 학교 근처예요. 우리 같이 종점에 있는 분실물 센터에 가 봐요.
여자 정말 고마워요.

3. 잘 듣고 질문에 답하세요. Track 42

대학교를 졸업한 후에 가장 후회하는 것은 무엇일까요? 대학 졸업생 500명에게 물었습니다. 그 결과 '전공을 잘못 선택한 것'을 후회한다는 답이 가장 많았습니다. 다음으로 '외국어를 열심히 공부하지 않은 것'과 '여행이나 취미 생활을 하지 않은 것'을 후회한다고 답한 사람들이 많았습니다. '여자나 남자 친구를 사귀지 않은 것'을 후회한다는 사람도 있었는데요. 후회하는 일이 없다고 한 사람은 전혀 없었습니다. 곧 대학 생활을 시작하는 신입생 여러분, 선배들의 경험을 잘 듣고 대학 4년을 후회 없이 보내세요!

2과 아무리 후회해도 소용없어요

1. 잘 듣고 질문에 맞는 것을 고르세요. Track 46

1) 여자 다쿠야 씨, 부산 갈 때 뭐 타고 갈까요? 버스 타고 갈까요?
   남자 버스도 좋지만 KTX를 타는 게 어때요? 값은 좀 비싸지만 시간을 아낄 수 있잖아요.

2) 여자 이 집은 방도 작고 오래되었는데 왜 이렇게 집세가 비싸요?
   남자 지하철역이 가깝잖아요. 버스 정류장도 조금만 걸어가면 있고요.

3) 여자 시험도 끝났는데 또 도서관에 가요?
   남자 제 취미가 독서잖아요. 도서관에 재미있는 책이 얼마나 많은데요.

2. 잘 듣고 질문에 답하세요. Track 47

남자 유카 씨, 지갑 찾았어요?
여자 아니요. 코트 구경한 곳에도 가 보고 커피숍에도 가 봤는데 없어요. 어떡하죠?
남자 다시 한번 잘 생각해 보세요.
여자 아무리 생각해도 모르겠어요. 분명히 조금 전까지 손에 들고 있었는데…….
남자 아, 맞다! 유카 씨, 아까 화장실에도 갔다 왔잖아요.
여자 화장실요? 맞아요. 손 씻으려고 아까 잠깐 갔다 왔는데……. 왜 그 생각을 못했죠?
안내 방송 안내 말씀 드립니다. 3층 여자 화장실에서 노란색 지갑을 분실하신 분은 1층 안내 데스크로 와 주시기 바랍니다.
남자 유카 씨 지갑인 것 같은데요. 같이 가서 확인해 봐요.

3. 잘 듣고 질문에 답하세요. Track 48

남자 지우야, 얼굴이 안 좋은데 무슨 일 있었어?
여자 아니에요, 아빠. 그냥 좀 피곤해서 그래요.
남자 피곤해서 그런 게 아닌 것 같은데……. 아빠한테 얘기해 봐.
여자 사실은 좀 전에 민지하고 싸웠어요. 자꾸 제 옷을 말도 안 하고 입잖아요.
남자 민지가?
여자 네. 그리고 어제는 제 선글라스까지 쓰고 나갔어요.
남자 그럼 민지한테 입지 말라고 잘 얘기해 보지 그래?
여자 벌써 여러 번 이야기해 봤죠. 그런데 아무리 말해도 소용이 없어요.
남자 이번에는 그냥 네가 동생을 이해해 주면 안 될까? 네가 언니잖아.
여자 아빠는 항상 저한테 이해하라고 하시네요. 하지만 이번에는 저도 못 참겠어요.

5단원 | 직장 생활 Work Life

1과 집에서 가까워서 다니기가 편해요

1. 잘 듣고 맞으면 ○, 틀리면 × 하세요. Track 52

여자 1 우빈이 엄마. 이번에 우빈이 유치원에 들어갔죠? 유치원 잘 다녀요?
여자 2 네. 선생님도 좋고 배우는 것도 재미있다고 해요. 그런데 친구 사귀기가 어려운 것 같아요. 아직 친한 친구가 한 명도 없어요.
여자 1 그래요?
여자 2 네, 며칠 전에는 옆에 앉은 아이하고 싸웠어요.
여자 1 아휴, 걱정되겠어요. 친구들과 잘 지내야 되는데.
여자 2 맞아요. 그래서 다음 주에 우빈이 반 아이들을 우리 집에 초대할까 해요.

여자 1 좋은 생각이에요. 집에 초대해서 같이 놀면 금방 친해질 거예요.

2. 잘 듣고 질문에 답하세요. Track 53

여자 다쿠야 씨, 이사 잘 했어요? 새로 이사한 집은 어때요?
남자 전보다 회사가 가까워져서 좋아요. 걸어서 10분밖에 안 걸려서 출근하기 편해요.
여자 잘됐네요. 방은 마음에 들어요?
남자 네. 좀 작지만 괜찮아요. 너무 넓으면 청소하기 힘들잖아요. 그리고 집 앞에 공원이 있어서 산책하기 좋아요. 그런데 에밀리 씨, 이번 주말에 약속 있어요?
여자 약속은 없고 쇼핑할까 하는데 왜요?
남자 이번 주 토요일에 집들이를 할까 하는데 올 수 있어요?
여자 네, 갈게요. 쇼핑은 다음 주에 해도 돼요.
남자 그럼 오후 5시쯤에 오세요. 제가 집 주소를 문자로 보내 줄게요.

3. 잘 듣고 질문에 답하세요. Track 54

여자 아, 김 대리, 일본 출장 잘 다녀왔어요?
남자 네, 부장님. 잘 다녀왔습니다.
여자 그쪽 회사하고는 얘기가 잘 됐나요?
남자 네. 이번에 우리가 새로 만든 스피커에 관심이 많았습니다. 디자인도 예쁘고 사용하기도 편하다고 합니다.
여자 좋은 소식이네요.
남자 그런데 가격이 생각보다 좀 비싸다고 합니다. 가격을 조금만 내려 달라고 하는데요.
여자 그래요? 내일 오전에 회의할 때 가격을 내리는 문제에 대해서 이야기를 해 보죠.
남자 네. 자세한 내용은 보고서로 제출하겠습니다.
여자 그래요. 수고했어요.

2과 많이 피곤해 보이네요

1. 점심을 못 먹은 이유는 무엇입니까?
잘 듣고 맞는 것을 연결하세요. Track 58

여자 양양 씨, 저 샌드위치 좀 사 올게요.
남자 아딜라 씨, 아직 점심 안 먹었어요?
여자 네. 아까 친구하고 통화하느라고 못 먹었어요. 할 얘기가 많아서요.

남자 그래요? 저도 아직 밥을 못 먹었는데 같이 사러 갈까요?
여자 양양 씨도 점심을 못 먹었어요?
남자 네. 연구실에 갔다 오느라고 못 먹었어요. 교수님이 잠깐 얘기 좀 하자고 하셔서요.
여자 어, 케빈 씨한테 문자가 왔는데 같이 점심 먹자고 하네요. 케빈 씨도 보고서 쓰느라고 아직 밥을 못 먹었다고 해요.

2. 잘 듣고 맞으면 ○, 틀리면 ×하세요. Track 59

여자 민준 씨, 오늘 얼굴이 좋아 보이네요. 어제 공연 잘 끝났어요?
남자 네. 공연 준비하느라고 힘들었는데 잘 끝나서 기분이 참 좋아요.
여자 그동안 고생 많이 했는데 다행이네요. 그런데 민준 씨는 기타 치는 걸 정말 좋아하는 것 같아요. 연습하는 걸 몇 번 봤는데 참 즐거워 보였어요.
남자 하하, 그랬어요? 그런데 유카 씨는 어제 왜 공연에 안 왔어요?
여자 가고 싶었는데 몸이 좀 안 좋아서 못 갔어요.
남자 어제 아팠어요? 아직도 힘이 좀 없어 보이는데 얼른 들어가서 쉬세요.
여자 푹 쉬어서 이제 괜찮아요. 발표 준비하느라고 좀 무리해서 그래요.

3. 잘 듣고 질문에 답하세요. Track 60

여자 오늘 버스에 사람이 많네요.
남자 퇴근 시간이잖아요. 그런데 로렌 씨, 어제 텔레비전에서 '사람 극장' 봤어요?
여자 '사람 극장'요? 그게 뭐예요?
남자 다양한 직업을 가진 사람들을 소개하는 프로그램인데 어제는 기자가 주인공이었어요.
여자 아, 그런 프로그램이 있었어요? 몰랐네요. 잠깐만요. 저기 사람들이 내리는데요.
남자 그럼 우리 앉아서 얘기해요. 그 프로그램에서 기자들이 고생하는 모습을 보니까 로렌 씨 생각이 났어요. 그리고 로렌 씨가 항상 피곤해 보이는 이유도 알게 됐고요.
여자 하하. 맞아요. 밤늦게까지 기사 쓰느라고 잠을 잘 못 자는 날이 많아요.
남자 저는 힘들어서 못 할 것 같은데 로렌 씨는 기자가 된 걸 후회한 적 없어요?
여자 글쎄요. 가끔 휴직하고 싶은 생각이 들지만 후회한 적은 없어요.

6단원 | 사고 Accident

1과 학교 앞에서 교통사고가 났대요

1. 잘 듣고 알맞은 그림을 연결하세요. Track 64

1) 여자 오전에 학교 앞 사거리에서 교통사고가 났대요.
   남자 어쩌다가 사고가 났대요?
   여자 택시가 신호를 안 지키고 가다가 버스에 부딪혔대요.

2) 여자 이틀 전에 여기에서 난 사고 이야기 들었어요?
   남자 무슨 사고요?
   여자 아이가 버스에서 내리다가 자전거에 부딪혔대요.

3) 여자 어제 강남역 사거리에서 교통사고가 나는 걸 봤어요.
   남자 그래요? 무슨 사고였는데요?
   여자 트럭이 신호를 안 지키고 가다가 버스에 부딪혔어요.

4) 여자 아까 횡단보도에서 길을 건너는데 오토바이가 갑자기 달려와서 깜짝 놀랐어요.
   남자 그래서 부딪혔어요?
   여자 아니요, 부딪히지는 않았어요.
   남자 정말 다행이네요.

2. 잘 듣고 맞으면 ○, 틀리면 × 하세요. Track 65

남자 선생님, 다쿠야 씨가 오늘 학교에 못 온대요.
여자 왜요? 무슨 일 있대요?
남자 아침에 택시를 타고 학교에 오다가 교통사고를 당했대요.
여자 네? 많이 다쳤대요?
남자 아니요, 안전벨트를 매서 괜찮은 것 같은데, 그래도 병원에 가 봐야 한대요.
여자 그 정도면 다행이네요. 그런데 어떻게 사고가 났대요?
남자 다쿠야 씨가 탄 택시가 트럭에 부딪혔대요. 트럭 운전기사가 신호를 안 지켰대요.

3. 잘 듣고 질문에 답하세요. Track 66

여자 아침에 인터넷 뉴스 봤어요?
남자 무슨 뉴스요?
여자 이하늘하고 김미나가 얼마 전부터 사귀고 있대요.
남자 아, 전에 주말 드라마를 같이 찍은 그 배우들요?
여자 네, 김미나가 드라마를 찍다가 목걸이를 잃어버렸는데 이하늘이 찾아 줬대요. 할머니가 주신 소중한 목걸이였대요.
남자 아, 그래서 사귀게 되었대요?
여자 네. 고마워서 김미나가 밥을 사 주었는데 그때 친해졌대요. 둘이 정말 잘 어울리는 것 같아요.

2과 미아 씨가 많이 아픈 모양이에요

1. 잘 듣고 케빈이 지금 뭘 하고 있는지 고르세요. Track 70

1) 남자 케빈 씨가 아까부터 전화만 보고 있네요.
   여자 면접 결과를 기다리는 중이에요. 며칠 전에 회사 면접을 봤는데 오늘 그 결과를 알려 준다고 했대요.

2) 남자 케빈 씨가 면접시험에 합격한 모양이에요.
   여자 네, 다음 주부터 출근한대요.
   남자 잘됐네요. 근데 케빈 씨 어디 갔어요? 같이 식사하면서 축하해 주고 싶은데.
   여자 출근할 때 입을 옷이 없어서 지금 양복 사러 갔어요.

2. 잘 듣고 질문에 답하세요. Track 71

여자 여보세요.
남자 안녕하세요? 저 서진인데요. 현수 있어요?
여자 현수 지금 샤워 중인데. 무슨 일이니?
남자 네? 뭐라고요? 좀 크게 말씀해 주세요.
여자 잘 안 들리는 모양이구나. 현수는 지금 샤워하는 중이야.
남자 아, 네. 저 숙제하다가 모르는 게 있어서 그러는데 현수랑 언제 통화할 수 있어요?
여자 금방 나올 거야. 현수 나오면 너한테 전화하라고 할게.
남자 네, 감사합니다.

3. 잘 듣고 맞으면 ○, 틀리면 × 하세요. Track 72

오늘 아침 일흔다섯 살 김 모 씨가 산에서 내려오다가 미끄러져서 크게 다쳤습니다. 어제 비가 내려 길이 미끄러웠기 때문인데요. 김 모 씨를 본 등산객들은 119에 신고하고 응급처치를 했습니다. 현재 김 모 씨는 병원에서 치료 중입니다.

비가 온 후에는 평소보다 산길이 매우 미끄럽습니다. 등산화를 꼭 신고 내려올 때 더 조심해야 합니다. ABC 뉴스 이영은입니다.

7단원 | 문병 Visiting a Sick Person

1과 오늘 문병 간다면서요?

1. 다음 장소는 어디에 있습니까?
잘 듣고 연결하세요. Track 76

- 여자 1 어서 오세요. 뭘 도와드릴까요?
- 남자 1 저, 입원하려면 어디로 가야 하나요?
- 여자 1 여기서 오른쪽으로 가시면 사무실이 있습니다. 거기에서 입원 서류를 써서 제출해 주세요.
- 남자 1 고맙습니다. 그런데 물도 좀 사고 싶은데 이 건물에 마트가 있나요?
- 여자 1 네, 지하 1층으로 내려가세요. 지하에 슈퍼마켓이 있습니다.
- 여자 2 저기요, 여기 응급실에 가려면 어디로 가야 하나요?
- 여자 1 병원 밖으로 나가시면 바로 옆에 응급실이 있습니다.
- 여자 2 네, 알겠어요.
- 남자 2 저기요. 이가 아파서 왔는데 치과는 어디에 있나요?
- 여자 1 2층에 있습니다. 저쪽 엘리베이터나 계단을 이용해 주세요.

2. 잘 듣고 맞으면 ○, 틀리면 × 하세요. Track 77

- 남자 투이 씨, 말하기 대회에서 1등을 했다면서요?
- 여자 네, 맞아요.
- 남자 정말 좋겠어요. 투이 씨처럼 한국어를 잘하려면 어떻게 해야 돼요?
- 여자 글쎄요. 제가 한국 드라마를 좋아하잖아요. 드라마를 많이 봐서 말하기와 듣기를 잘하게 된 것 같아요. 그런데 양양 씨는 쓰기 점수가 좋다면서요?
- 남자 하하, 뭘요.
- 여자 저는 쓰기가 너무 어려운데……. 어떻게 하면 쓰기를 잘할 수 있을까요?
- 남자 글쎄요, 저는 책 읽는 것을 좋아해서 자주 책을 읽고, 읽고 나서 제 생각을 글로 써요. 그리고 매일 한국어로 일기를 쓰는데 이런 것들이 도움이 많이 됐어요.
- 여자 그렇군요. 한국어 책도 많이 읽지요? 재미있는 한국어 책이 있으면 알려 주세요.

3. 잘 듣고 질문에 답하세요. Track 78

- 여자 여러분, 안녕하세요. 스포츠 스타 인터뷰 시간입니다. 오늘은 지난 올림픽에서 금메달을 딴 유진 선수와 이야기를 해 보겠습니다.
- 남자 안녕하세요, 유진입니다.
- 여자 어제 병원에서 퇴원하셨지요? 몸은 좀 어떠세요?
- 남자 네. 훈련하러 가다가 가벼운 교통사고를 당해서 며칠 병원에 있었어요. 그래서 훈련은 못 했는데 이제 몸은 괜찮습니다.
- 여자 큰 사고가 아니라서 정말 다행입니다. 걱정하신 팬들이 많을 거예요. 그런데 유진 선수처럼 세계적인 스키 선수가 되려면 어떻게 해야 될까요?
- 남자 글쎄요. 열심히 훈련하는 것밖에 방법이 없는 것 같아요. 스키 선수니까 겨울에만 훈련한다고 생각하시는 분도 있는데, 다른 계절에도 계속 연습을 해야 합니다. 달리기도 하고 자전거도 타면서 계속 훈련을 해야 돼요.
- 여자 그렇군요. 시간 내 주셔서 감사합니다. 다음 대회에서도 좋은 소식을 기다리겠습니다.

2과 택시 타고 다니면 돼요

1. 잘 듣고 연휴에 두 사람이
각각 할 일을 모두 고르세요. Track 82

- 남자 에밀리 씨, 이번 연휴에 뭐 할 거예요?
- 여자 글쎄요. 그동안 못 본 드라마나 볼까 해요. 다쿠야 씨는요?
- 남자 저는 제주도에 가려고 해요.
- 여자 제주도요? 연휴라서 호텔방 구하기가 힘들 것 같은데요.
- 남자 제주도에 형이 사니까 형 집에서 자면 돼요. 오랜만에 형이랑 같이 낚시나 하려고요.
- 여자 재미있겠네요. 저도 연휴 중 하루는 친구 만나서 맥주나 한잔 하려고 해요.

2. 잘 듣고 질문에 답하세요. Track 83

- 여자 1 저녁을 너무 일찍 먹어서 배고프네. 우리 라면 끓여 먹을까?

여자 2 그래, 좋아.
여자 1 어, 라면이 없네. 어떡하지? 피자나 시켜 먹을까?
여자 2 또? 피자는 어제도 먹고 지난주에도 먹었잖아.
여자 1 그럼 치킨 시켜 먹을까?
여자 2 집 앞에 있는 치킨 집은 벌써 문을 닫았을 것 같은데.
여자 1 24시간 배달해 주는 곳에 시키면 되지. 내가 전화번호 알아.
여자 2 그래. 빨리 전화해 보자.

3. 잘 듣고 맞으면 ○, 틀리면 × 하세요.   Track 84

남자 주말에 뭐 해요? 별일 없으면 같이 영화나 볼래요?
여자 이번 주말은 안 될 것 같아요. 할머니가 병원에 입원하셔서 문병 가려고 해요.
남자 할머니가 많이 아프세요?
여자 네. 몇 년 전부터 허리가 아프셨는데 이번에 수술을 받으셨어요.
남자 그래요? 걱정되겠어요.
여자 네. 그런데 다행히 수술이 잘 된 모양이에요.
남자 지우 씨가 가면 할머니가 좋아하실 것 같아요. 그런데 병원에 갈 때 뭐 사 갈 거예요?
여자 글쎄요. 할머니는 아직 밥을 못 드시니까 죽이나 사 갈까 해요. 그런데 같이 영화를 못 봐서 어떡하죠?
남자 괜찮아요. 다음 주에 같이 보면 되지요.

8단원 | 기념일 Anniversary

1과 태극기가 걸려 있네요

1. 게시판 광고의 내용과 같은 것을 모두 고르세요.   Track 88

남자 팅팅 씨, 게시판에 자전거 사진 붙어 있는 거 봤어요? 8개월쯤 탄 자전거를 싸게 판대요.
여자 그래요? 자전거를 하나 사고 싶었는데 잘됐네요. 얼마에 판대요?
남자 20만 원에 산 자전거를 반값에 판다고 쓰여 있었어요.
여자 1년도 안 탄 자전거를 반값에 팔면 괜찮은 것 같은데요.
남자 그리고 헬멧도 무료로 준대요.

여자 정말요? 한번 전화해 볼까요? 거기 전화번호 쓰여 있었지요?
남자 전화번호는 없었고 이메일 주소가 쓰여 있었어요. 메일 한번 보내 보세요.

2. 잘 듣고 맞으면 ○, 틀리면 × 하세요.   Track 89

남자 어버이날이 지났는데 아직도 카네이션을 많이 파네요.
여자 내일이 스승의 날이라서 그래요.
남자 아, 내일이 스승의 날이에요?
여자 네. 스승의 날에도 어버이날처럼 선생님들께 카네이션을 많이 선물해요.
남자 우리 고향에도 스승의 날은 있는데 꽃이나 선물보다는 감사 카드를 드려요.
여자 한국도 점점 그렇게 하는 사람들이 많아지는 것 같아요. 그런데 스승의 날이 왜 5월 15일인지 알아요?
남자 글쎄요. 잘 모르겠는데요.
여자 한글을 누가 만들었는지 알지요?
남자 세종 대왕요?
여자 네, 맞아요. 세종 대왕이 태어난 날이 5월 15일이라서 스승의 날로 정했대요.
남자 한국 사람들은 세종 대왕을 큰 스승이라고 생각하는 모양이네요.

3. 잘 듣고 질문에 답하세요.   Track 90

여자 양양 씨, 여기 벽에 걸려 있는 작품 좀 보세요. 빨갛고 노란 게 색깔이 너무 예뻐요.
남자 정말 예쁘네요. 그런데 꽃 모양이 좀 특이한데요.
여자 아, 이건 진짜 사탕을 붙여서 꽃 모양을 만든 거라고 쓰여 있어요.
남자 먹는 사탕을요? 재미있네요. 그럼 저건요? 사람이 앉아 있는 모습 같네요.
여자 그 작품 제목은 '퇴근 후'예요. 일에 지친 회사원을 표현한 거래요.
남자 설명을 들으니까 진짜 그런 것 같네요. 2층으로 올라갈까요?
여자 네. 저기 가운데 놓여 있는 피아노에서 소리가 나요.
남자 어, 그런데 피아노 치는 사람이 안 보이네요.
여자 잠깐만요. 여기에 '노래하는 피아노'라고 쓰여 있어요. 사람 없이 피아노가 혼자 연주하는 거래요.
남자 정말 신기하고 재미있는데요.

2과 결혼한 지 5년 됐어요

1. 잘 듣고 연결하세요. Track 94

여자 양양 씨는 한국에 언제 왔어요?
남자 한국에 온 지 1년 되었어요.
여자 그동안 여행 많이 했어요?
남자 한국어 공부하느라고 바빠서 서울밖에 구경 못 했어요. 그래서 5월에는 제주도에 갈까 해요.
여자 여행 가려면 돈이 많이 필요하겠어요.
남자 네, 그래서 요즘 식당에서 아르바이트를 하고 있어요. 시작한 지 5개월쯤 되었어요.
여자 그렇게 바쁜데 조깅도 한다면서요? 힘들지 않아요?
남자 조깅이 건강에 좋다고 해서 매일 아침 조깅을 하고 있어요. 시작한 지 3개월이 좀 안 됐는데 건강이 좀 좋아진 것 같아요.

2. 잘 듣고 질문에 답하세요. Track 95

남자 여보세요.
여자 안녕하세요? 선생님, 저 지우예요.
남자 어, 지우야! 오랜만이다. 잘 지내고 있지?
여자 네. 작년에 취직해서 회사에 다니고 있어요. 그동안 연락드리지 못해서 죄송해요.
남자 괜찮아. 바쁠 때잖아. 그런데 네가 졸업한 지 얼마나 됐지?
여자 5년 됐어요. 시간이 정말 빨리 가는 것 같아요. 졸업한 지 얼마 안 된 것 같은데요.
그런데 저희가 다음 주 토요일에 학교 앞 식당에서 동창회를 하기로 했어요.
그날 선생님도 참석할 수 있으세요?
남자 다음 주 토요일이면 3월 5일이네. 그날은 괜찮아.
여자 아, 다행이네요. 친구들이 모두 선생님 뵙고 싶대요. 그럼 장소는 문자로 보내드릴게요.
남자 그래, 연락해 줘서 고맙다. 그때 보자.

3. 잘 듣고 맞으면 ○, 틀리면 × 하세요. Track 96

여자 안녕하십니까? 오늘도 저희 마트를 찾아 주셔서 감사합니다. 오늘은 저희가 문을 연 지 3년이 되는 날입니다. 그래서 손님들을 위해 여러 가지 행사를 준비했습니다.
먼저 저희 마트를 찾아 주신 모든 분들께 감사의 의미로 선물을 마련했습니다. 우선 문 앞에서 축하 떡을 나눠드립니다. 나가실 때 받으시면 됩니다. 그리고 오늘만 특가 행사를 합니다. 라면과 과자는 40퍼센트, 과일은 30퍼센트 할인해 드립니다. 음료수를 사시면 하나 더 드리는 행사도 진행 중입니다.
앞으로도 저희 마트를 많이 이용해 주시기 바랍니다.

9단원 | 꿈 Dreams

1과 선생님이 되려고 한국어를 배워요

1. 잘 듣고 여자가 사지 않은 것을 고르세요. Track 100

남자 팅팅 씨, 이번 방학에 고향에 돌아간다면서요?
여자 네. 고향에 가려고 비행기 표도 사고 가족들 선물도 샀어요.
남자 그래요? 뭐 샀어요?
여자 부모님께 드리려고 한국 술을 좀 샀어요.
남자 동생한테 줄 선물도 샀어요?
여자 예쁜 원피스가 있어서 샀는데 동생한테는 좀 클 것 같아요. 그래서 그건 제가 입고 동생한테는 다른 걸 사 줄까 해요.
남자 화장품은 어때요? 여동생이면 한국 화장품을 좋아할 것 같아요.

2. 잘 듣고 맞으면 ○, 틀리면 × 하세요. Track 101

여자 민준 씨, 그게 뭐예요?
남자 복권이에요. 아까 편의점에서 물을 살 때 하나 샀어요. 재미있을 것 같아서요.
여자 복권에 당첨되면 뭐 할 건데요?
남자 글쎄요. 음……. 만약 1등에 당첨된다면 큰 집을 살 거예요. 멋진 차도 사고요. 로렌 씨는 복권에 당첨된다면 뭐 하고 싶어요?
여자 저는 복권에 당첨된다면 제일 먼저 배를 하나 살 거예요. 배를 타고 세계 여행을 한번 해 보고 싶어요.
남자 일은 그만둘 거예요?
여자 아니요. 기자가 되려고 제가 그동안 얼마나 최선을 다했는데요. 그냥 1년쯤 휴직하고 여행 다니고 싶어요.

3. 잘 듣고 질문에 답하세요.　　　　　　　　Track 102

남자　투이 씨, 주말에 뭐 해요? 친구들하고 영화 보러 가기로 했는데 같이 갈래요?
여자　저는 주말에 운동을 하려고 해요.
남자　무슨 운동을 하는데요?
여자　다음 달에 하는 마라톤 대회에 참가하려고 준비 중이에요.
남자　마라톤 대회요? 언제부터 마라톤을 했어요?
여자　이번에 처음 도전하는 거예요. 마라톤 대회에서 끝까지 달려 보는 게 어렸을 때부터 꿈이었어요.
남자　멋있네요. 꼭 끝까지 달려서 꿈을 이루세요.
여자　고마워요. 그런데 다쿠야 씨도 운동 좋아하지 않아요?
남자　네, 좋아해요. 지금은 평범한 회사원이지만 어렸을 때는 운동선수가 되고 싶었어요. 고등학교 때 다치지 않았다면 축구 선수가 됐을 거예요.
여자　축구하다가 다쳤어요?
남자　네. 그때 다리를 다쳐서 축구 선수가 되는 건 포기했지만 지금도 축구를 자주 해요.

2과 장학금을 받았으면 좋겠어요

1. 두 사람은 내일 무엇을 하려고 합니까?
고르세요.　　　　　　　　　　　　　　Track 106

여자　텔레비전에서 봤는데 내일 밤에 아주 크고 밝은 달을 볼 수 있대.
남자　나도 그 뉴스 들었어. 이번에 못 보면 40년쯤 후에 다시 볼 수 있는 아주 큰 달이라면서?
여자　응. 난 아직 그런 달을 본 적이 없는데 실제로 보면 정말 멋있겠지? 너무 기대돼.
남자　우리 내일 한강에 가서 같이 구경할래? 한강에서 보면 더 멋질 거야.
여자　그래, 좋아. 학교 앞에서 만나서 같이 가자. 그런데 넌 내일 달 보면서 무슨 소원을 빌 거야?
남자　글쎄. 소원을 빌기 전에 말하면 안 될 것 같은데. 비밀이야.

2. 잘 듣고 맞으면 ○, 틀리면 × 하세요.　　Track 107

남자　팅팅 씨, 이 식당이 유명한 곳이에요? 밖에서 기다리는 사람이 꽤 많네요.
여자　가수 이준호 부모님이 하시는 가게거든요.
남자　아, "사랑했지만" 그 노래를 부른 가수요?
여자　네. 바쁘지 않을 때는 부모님을 도와 드리러 이 식당에 자주 온대요.
남자　그럼 그 가수를 보려고 사람들이 오는 거예요?
여자　그렇죠. 맛있는 밥도 먹고 운이 좋으면 좋아하는 연예인도 볼 수 있으니까요.
남자　팅팅 씨도 여기서 이준호를 본 적이 있어요?
여자　아니요. 한번 봤으면 좋겠는데 전 운이 없나 봐요.

3. 잘 듣고 질문에 답하세요.　　　　　　　　Track 108

여자　안녕하세요? 즐거운 아침 김혜연입니다. 오늘도 노래 나가는 동안 퀴즈쇼 신청을 받겠습니다. 퀴즈에 도전하고 싶은 분들은 지금 바로 문자 주세요. ……
　　　자, 그럼 전화 연결을 해 보겠습니다. 안녕하세요? 어디에 사는 누구신가요?
남자　안녕하세요? 저는 신림동에 사는 박민호라고 합니다.
여자　반갑습니다, 박민호 씨. 평소에 저희 라디오 자주 들으시나요?
남자　네, 아침에 출근하면서 매일 듣고 있습니다. 이 방송을 들으면서 출근하면 심심하지 않거든요. 그런데 이렇게 연결되니까 정말 떨리네요.
여자　하하. 그러세요? 떨리시겠지만 잘 듣고 풀어 주세요. 세 문제를 맞히시면 로봇 청소기를 선물로 드리니까 꼭 성공해서 받으셨으면 좋겠습니다. 그럼 문제 드립니다.

어휘 색인 Glossary

ㄱ

가스 gas　98
가이드 guide　61
가전제품 home appliance　25
간호하다 to nurse　112
감기 기운 a slight cold　67
강당 auditorium　17
개교기념일 school anniversary　122
거짓말 lie　140
걸리다 to be hung　115
검사하다 to examine　48
검색하다 to search　45
결제하다 to pay　44
결혼기념일 wedding anniversary　121
경우 case　84
공모전 contest　131
공사 construction　87
과로(하다) (to) overwork　64
과식(하다) (to) overeat　64
과음(하다) (to) overdrink　64
광고 advertisement　26
광복절 National Liberation Day　114
광장 plaza, square　117
교환하다 to exchange　50
구매하다 to purchase　44
궁금하다 to wonder　28
귀찮다 to be troublesome, annoyed　70
그만두다 to quit　84
금지하다 to prohibit　112
기념일 anniversary　114
기대되다 to be expected　134
기르다 to develop　84
기본 basic　84
기억나다 to come to mind　120
기억하다 to remember　117
기회 opportunity　19
기회를 놓치다 to miss an opportunity　58
깁스를 하다 to wear a cast　106
깜박 slip of the mind　59

껌 gum　111
꿈을 가지다 to have a dream　128
꿈을 이루다 to achieve a dream　128
끈 strap　56
끊임없이 continuously　42
끼다 to wear　38

ㄴ

나눠주다 to share, pass out　25
나오다 to come out　87
낚싯대 fishing pole　133
날씬하다 to be skinny　79
남다 to remain　55
남성 man　55
낭비하다 to waste　50
낮잠 nap　108
내리다 to fall　87
넘어지다 to fall, trip　92
네모나다 to be square　42
농도 concentration, density　27
놓이다 to be placed　115
눕다 to lie down　115

ㄷ

다투다 to argue　68
닫히다 to be closed　115
달다 to hang　117
달려오다 to come running　89
달력에 표시하다 to mark on a calendar　120
닭 chicken　119
답변 response　56
당첨되다 to win　130
대리 deputy section chief　26
대부분 most　84
대상 target　16
대인 관계가 원만하다 to have a good personal relationship　72
대청소 house cleaning　122
대통령 president　119
대피하다 to evacuate　98

덕분에 thanks to someone/something   28
덮이다 to be covered   40
도전하다 to challenge   70
독립하다 to be independent   117
동요 children's song   126
동화 children's story   126
돼지 pig   119
들어가다 to enter, go in   94
등 place, rank   104
떠들다 to clamor   147
떨리다 to shake, tremble   134
떨어뜨리다 to drop   89
뚱뚱하다 to be fat   79
뛰어가다 to run, dash   93
뛰어나다 to be excellent   84

ㄹ

라이터 lighter   133

ㅁ

마감일 deadline   84
마라톤 marathon   132
마련하다 to prepare   120
마무리되다 to be finished, completed   81
마스크 mask   27
마치다 to end   140
막다 to block   146
망설이다 to hesitate   58
맡다 to be in charge   81
매다 to tie   37
매진 sellout   55
머리띠 headband   41
메다 to carry, shoulder   38
메달 medal   104
면회 시간 visiting hours   100
면회하다 to visit someone   102
모습 image   42
모으다 to collect   129
목걸이 necklace   41
목도리 muffler   41
무궁화 rose of Sharon   119

무리하다 to overwork   78
무음 silence   62
무인도 deserted island   133
문병을 가다 to visit someone who is sick in the hospital   100
문화 센터 cultural center   19
물속 in water   137
미끄러지다 to slip   92
미래 future   27
미루다 to delay, postpone   30
미만 under   112
미세 먼지 fine dust   27
미역국 seaweed soup   119

ㅂ

바나나 보트 banana boat   34
바리스타 barista   137
반값 half price   118
반지 ring   66
반품하다 to return a product   50
밤을 새우다 to stay up all night   83
방송 broadcast   138
배송비 shipping fee   44
배송일 delivery date   55
버스 정류장 bus station   95
벌 unit noun for clothes   47
별 star   34
별 unusual, special   109
병실 hospital room   112
보고하다 to report   72
보관하다 to store   68
보호자 guardian   112
보호하다 to protect   98
복권 lottery   130
볶음밥 fried rice   102
부딪히다 to bump   86
부럽다 to be envious   134
부족하다 to be insufficient   81
분리수거(하다) to separate trash   22
분실물 센터 lost and found center   62
분실하다 to lose something   64
붙다 to stick   111

비교하다 to compare 47
비상벨 emergency alarm 146
비자 visa 61
빠지다 to fall out 92

ㅅ

(교통)사고가 나다 for an accident to occur 86
(교통)사고를 당하다 to get in an accident 86
사이가 가깝다 for a relationship to be close 30
사탕 candy 118
살을 빼다 to lose weight 32
살이 찌다 to gain weight 48
상담 consultation 56
상사 boss, superior 84
상품평 product review 47
새벽 dawn 60
서예 calligraphy 19
성격이 급하다 to be impatient 36
성공하다 to succeed 128
성실하다 to be sincere 72
성씨 surname 119
성인 adult 20
성적 grade 61
세종문화회관 Sejong Center for the Performing Arts 117
소식 news 123
소용없다 to be useless 64
소원을 빌다 to make a wish 134
소중하다 to be precious 42
속이 안 좋다 for one's stomach to not feel well 48
손전등 flashlight 133
송년회 year-end party 123
수강료 tuition 21
수료식 completion ceremony 123
수술을 받다 to undergo an operation 110
수학 mathematics 42
순서 order, sequence 137
숫자 number 140
스승의 날 Teacher's Day 118
스쿠버 다이빙 scuba diving 137
스피커 speaker 76
승진하다 to promote 72

시끄럽다 to be noisy 147
시청자 viewer 32
신경을 쓰다 to concern oneself with something 67
신고하다 to report 92
신호를 지키다 to obey a traffic signal 86
실제로 in reality 56
실패하다 to fail 128
싫어하다 to hate 76
심야 버스 late-night bus 28
쏟다 to spill 137
쓰레기봉투 garbage bag 22
쓰이다 to be written 115

ㅇ

아끼다 to conserve 50
아쉽다 to feel bad, sorry 58
안내 데스크 information desk 68
안전벨트를 매다 to put on a seat belt 86
야근하다 to work overtime at night 78
야채 vegetable 24
약을 바르다 to apply medicine 106
어린이 child, kid 20
어린이날 Children's Day 114
어버이날 Parent's Day 114
어색하다 to be awkward 30
어울리다 to get along 70
어울리다 to match, go well with 37
어쩔 수 없다 to be unavoidable 61
에 대한 about 40
엑스레이를 찍다 to have an x-ray taken 106
여성 woman 55
연기 smoke 146
연기하다 to act 131
연예인 celebrity 138
열리다 to be open 115
염색하다 to dye 37
영향 influence, effect 42
오디션 audition 131
오래가다 to last long 24
오랜만에 a long time since 39
올라오다 to come up 40

올림픽 olympic　104
옮기다 to move　73
와이파이 Wi-Fi　77
외출 going out　27
용돈 allowance, pocket money　47
운이 좋다 to be lucky　134
운전기사 driver　90
월급 monthly pay　75
위험하다 to be dangerous　94
유머가 있다 to have a sense of humor　36
유용하다 to be useful　28
유치원 kindergarten　61
음식물 쓰레기 food waste　22
응급실 emergency room　100
응급 처치를 하다 to give first aid　92
의미가 있다 to have meaning　120
이상 over　112
이성 친구 friend of the opposite sex　62
이어폰 earphones　47
인사하다 to greet　39
인삼 ginseng　32
인상이 나쁘다 to give a bad impression　36
인상이 좋다 to give a good impression　36
인상이 차갑다 to give a cold impression　36
인생 life　42
인정받다 to be credited, recognized　84
인천 Incheon　54
인턴 intern　61
일시 day and time　16
일회용품 disposable product　22
임신하다 to get pregnant　32
입원하다 to be hospitalized　100
입장료 admission fee　16

ㅈ

작성자 writer　56
작품 artwork　118
잡지 magazine　103
장난감 toy　20
장바구니 shopping cart　44
장점 advantage, pros　24

재료비 material costs　16
재활용 센터 recycling center　23
재활용(하다) to recycle　22
전기 electricity　98
전시실 gallery, exhibit hall　17
젊다 to be young　112
접다 to fold　87
정답 correct answer　69
정장 suit　107
정하다 to decide　30
제출하다 to submit　72
조용히 quietly　94
존중하다 to respect　126
종점 last stop　62
주사를 맞다 to get an injection　106
주인공 main character　27
죽 porridge　110
줄 line, cord　24
중환자실 intensive care unit　112
지진이 나다 for an earthquake to occur　98
지치다 to be exhausted　81
지키다 to guard　117
진지하다 to be serious　42
집세 house rent　68
(카드를) 찍다 to scan (a card)　49

ㅊ

(시계를) 차다 to wear (a watch)　41
차를 세우다 to stop a car　88
찬물 cold water　32
참가비 entry fee　16
참가하다 to participate　26
참석하다 to attend　120
책임감이 강하다 to have a strong sense of responsibility　72
챙기다 to take, pack　64
첫걸음 initial step　84
첫인상 first impression　36
청소기 vacuum cleaner　24
청와대 Korean presidential residence　119
체육관 gymnasium　20
체크무늬 checkered-pattern　53

촬영 filming 87
최근 recent 110
최선을 다하다 to try one's best 128
춘천 Chuncheon 23
출연하다 to appear on a stage, show, etc. 131
충동구매 impulse purchase 53
충전하다 to charge 24
취업 설명회 job fair 26
치과 dental clinic 104
친하다 to be close with someone 30

ㅋ

카네이션 carnation 118
칼 knife 133
키우다 to raise 60

ㅌ

태극기 Korean flag 115
통화하다 to talk over a phone 89
퇴원하다 to be discharged from the hospital 100
퇴직하다 to retire 78
투명 인간 invisible person 130

ㅍ

파스를 붙이다 to put on a medical patch 106
판매 sale 55
팔찌 bracelet 41
퍼센트 percent 124
펭귄 penguin 116
평범하다 to be ordinary 140
평소 usual 138
포기하다 to give up 58
포함(되다) to be included 16

표정 expression 83
프로젝트 project 81
필요 없다 to not need 25

ㅎ

학년 school grade 34
한국학 Korean Studies 140
한글날 Hangeul Proclamation Day 114
한턱내다 to treat 75
할인 discount 44
할인권 coupon 112
해결 solution, resolution 105
해외여행 overseas trip 111
행복하다 to be happy 84
행사 event 81
헤어지다 to separate 65
헬멧 helmet 118
현실 reality 140
현충원 national cemetery 117
현충일 Memorial Day 114
혼나다 to be scolded 91
화분 flowerpot 147
환불하다 to refund 50
환승하다 to transfer 49
환자 patient 112
활발하다 to be active 36
효과 effect 32
후회하다 to regret 58
훈련하다 to train 104
휴가를 내다 to take a vacation day 78
휴직하다 to take a leave of absence 78
흔들리다 to be shaken 98
희망 hope 126

책임 연구원 Senior Researcher

장은아	고려대학교 교육학과 박사
Jang Euna	Ph.D. in Education Evaluation, Korea University
	서울대학교 언어교육원 한국어교육센터 대우조교수
	Seoul National University, LEI Assistant Professor

공동 연구원 Co-researcher

김민애	서울대학교 국어교육과 박사 수료
Kim Min Ae	Ph.D. Candidate in Korean Language Education, Seoul National University
	서울대학교 언어교육원 한국어교육센터 대우부교수
	Seoul National University, LEI Associate Professor
이정화	이화여자대학교 국어국문학과 박사
Lee Jeonghwa	Ph.D. in Korean Language and Literature, Ewha Womans University
	서울대학교 언어교육원 한국어교육센터 대우조교수
	Seoul National University, LEI Assistant Professor

집필진 Authors

김미경	이화여자대학교 교육대학원 외국어로서의 한국어교육학 석사
Kim Migyeong	M.A. in Teaching Korean as a Foreign Language, Ewha Womans University
	서울대학교 언어교육원 한국어교육센터 대우전임강사
	Seoul National University, LEI Full-time Instructor
김현진	서울대학교 외국어교육학(영어 전공) 박사 수료
Kim Hyunjean	Ph.D. Candidate in Foreign Language Education (English Major), Seoul National University
	서울대학교 언어교육원 한국어교육센터 대우전임강사
	Seoul National University, LEI Full-time Instructor
정윤정	이화여자대학교 교육대학원 외국어로서의 한국어교육학 석사
Jeong Yoonjeong	M.A. in Education, Teaching Korean as a Foreign Language, Ewha Womans University
	서울대학교 언어교육원 한국어교육센터 강사
	Seoul National University, LEI Instructor

번역 Translator

빌리 스트루블	중앙대학교 국제지역학과 석사
Billy Struble	M.A. in International Studies, Chung-Ang University
	중앙대학교 교양대학 조교수
	College of General Education, Assistant Professor of English

감수 Supervisor

이소영	이화여자대학교 교육공학과 박사
Lee So Young	Ph.D in Educational Technology, Ewha Womans University
	서울대학교 언어교육원 한국어교육센터 대우전임강사
	Seoul National University, LEI Full-time Instructor

도와주신 분들 Contributing Staff

일러스트 Illustration	윈일러스트 WINILLUSTRATIONS
녹음 Recording	미디어리더 Media Leader

사랑해요 한국어 4 Student's Book
I Love Korean 4 Student's Book

초판 1쇄 발행 2019년 6월 30일
초판 6쇄 발행 2025년 2월 25일

지은이	서울대학교 언어교육원
펴낸곳	서울대학교출판문화원
주소	08826 서울 관악구 관악로 1
도서 주문	02-889-4424, 02-880-7995
홈페이지	www.snupress.com
페이스북	@snupress1947
인스타그램	@snupress
이메일	snubook@snu.ac.kr
출판등록	제15-3호

ISBN 978-89-521-2880-5 04710
　　　 978-89-521-2873-7 (세트)

ⓒ 서울대학교 언어교육원, 2019

이 책은 저작권법에 의해서 보호를 받는 저작물이므로
무단 전재와 복제를 금합니다.

Written by Language Education Institute, Seoul National University
Published by Seoul National University Press

Copyright ⓒ 2019 by Language Education Institute, Seoul National University

All rights reserved. No part of this publication may be reproduced in any form without the written permission from publisher.

The MP3 audio files can be accessed and downloaded through the SNU Language Education Institute website http://lei.snu.ac.kr/klec, SNU Press website http://www.snupress.com, and the QR code on the right.

주문 정보
Order Information

〈사랑해요 한국어〉, 〈서울대 한국어+ 학문 목적〉 시리즈는 서울대학교출판문화원 홈페이지(www.snupress.com)와 교보문고, 영풍문고 등 주요 서점 및 인터넷 서점 인터넷교보, YES24, 알라딘 등에서 구매하실 수 있습니다.

You can purchase the series at the Seoul National University Press homepage (www.snupress.com), major bookstores such as Kyobo Bookstore and Young-Poong Bookstore, and online bookstore such as Internet Kyobo Book Center (www.kyobobook.co.kr), YES24 (www.yes24.com), Aladin (www.aladin.co.kr), etc.

해외유통 및 대학, 기관에서 구입을 희망하시는 경우 공앤박으로 문의하시면 됩니다.

If you want to purchase from overseas distribution, Universities, or Institutions, please contact us at Kongnpark.

공앤박(www.kongnpark.com)
E-mail: info@kongnpark.com | Telephone: +82 (0)2 565 1531 | Fax: +82 (0)2 3445 1080

Notices

Title	Publication Date
사랑해요 한국어 1 (SB/WB)	January 2019
사랑해요 한국어 2 (SB/WB)	April 2019
사랑해요 한국어 3 (SB/WB)	May 2019
사랑해요 한국어 4 (SB/WB)	June 2019
사랑해요 한국어 5 (SB/WB)	November 2015
사랑해요 한국어 6 (SB/WB)	March 2016
서울대 한국어+ 학문 목적 읽기	March 2017
서울대 한국어+ 학문 목적 쓰기	March 2017
서울대 한국어+ 학문 목적 말하기	January 2018
서울대 한국어+ 학문 목적 듣기	February 2019

* 〈사랑해요 한국어〉 시리즈는 영어/일본어/중국어 판이 있습니다.

서울대학교출판문화원 SNUPRESS

(08826) 서울특별시 관악구 관악로 1
1 Gwanak-ro, Gwanak-gu Seoul 08826, Korea

Telephone: +82 (0)2 880 5252 | Fax: +82 (0)2 888 4148 | E-mail: snubook@snu.ac.kr

www.snupress.com